朝日新書
Asahi Shinsho 710

地方大学再生

生き残る大学の条件

小川　洋

朝日新聞出版

はじめに

日本人はランキングが好きなようだ。週刊誌などでは繰り返し、大学特集が組まれ、とくに大都市私大の偏差値や志願者数などのランキングの変動が好んで取り上げられる。マスメディアに関わる人たちの多くが、それらの大学出身者だということもあるのだろう。また、「母校」の名前を目にした読者が雑誌を購入することが見込めるために、手を変え品を変えて、「特集」記事が繰り出されるのだろう。

偏差値や志願者数の数値は、実際よりも良く見せる操作が広く行われていることは、受験の裏事情に多少とも詳しい者の間では、半ば常識となっている。各大学が、他校よりも少しでも良く見せようと必死に努力していることは、大学の追い込まれている厳しい状況を示しているともいえる。かつて大学は学生たちに希望を与えるところであったが、最近では大学自体が、生き残れるかの不安に苛《さいな》まれるようになっている。

アメリカでも、若年人口の減少を控えて、生き残り競争が激しくなっている。多くの私大が、室内プールや高級レストランのような食堂が完備された学生寮を建てたり、学生の気を惹くような学部を新設したりするなど、競争を展開している。ある研究者は、大学は「軍拡競争」に陥っている、と指摘した。そこでは競争から降りることは即ち、負け＝退場を意味する。また、競争資金を確保するために授業料の高騰を招きながら、同時にさまざまなかたちでの学費の割引競争も広がっているという。学生は平均すると正規の授業料の半額程度しか払っていない。アメリカの私立大学の授業料は300万円から500万円といわれているから、それでも日本の私立大学の2、3倍にはなるが。

そのなかでも、有力大学200校ほどは無傷でいられるという。アメリカの場合、大学は広い国土に分散し、多くの卒業生がいて歴史の古い有力大学は、それぞれ安定的に学生を確保し、生き残り競争とは無縁でいられる。学生を集められずに経営難に直面しているのは、リベラルアーツ・カレッジと呼ばれる地方のとくに小規模な大学が多いとされている。

しかし、日本はアメリカとは異なって有力大学は首都圏と関西圏を中心とする大都市圏に集中していて、競争は基本的に、それぞれの都市圏内で起きている。競合する大学間で、受験生の目を惹くキャンパス整備や学部・学科の再編などを競っている。あたかも局地で熱戦が繰り広げられている観がある。今後は、授業料の実質的な引き下げを強いられる消耗戦が展開するかもしれない。競争に耐えられなくなった大学は撤退することになるだろう。

その一方で、地方都市に開設され、ローカルな需要に十分に応えている大学は、国公立大であろうと私大であろうと、安定的に学生を確保している。地方でも、少子化で学生募集に苦戦している大学は少なくないが、地域の需要を確実に捉えて安定経営を実現している中小規模の地方大学は、大都市圏の大学の争いからは離れた世界で成り立っている。

本書では、大都市圏の大学と地方都市の大学とを対比させながら、それぞれの成り立ちの歴史なども振り返りながら、18歳人口の本格的な減少期に入る大学の今後について考える材料を提供したい。

地方大学再生

生き残る大学の条件

目次

帯写真／©iStock.com／PeopleImages
本文写真／著者、図版／谷口正孝

第一章

新卒定期採用
戦前から戦後へ、そして高度経済成長へ

「就活ルール」廃止騒動

2018年9月、経団連の中西宏明会長が、就職活動に関するルール（倫理規定）の廃止を表明して大きな反響を呼んだ。毎年、新規卒業予定者の採用活動開始の時期を決め、企業と大学が互いにそのルールを尊重するというもので、1953年からかたちを変えながらも、半世紀以上も続いてきた仕組みである。企業の採用が学生たちの「学業の妨げ」にならないよう、採用活動の「解禁日」を設定するものであった。経団連会長の発言に、大学関係者は強く反発し、政府主導でルールづくりが行われる見通しであるが、すでに空洞化していると指摘する声も強い。

ある時期、ダークスーツに身を包んだ学生の姿が大学構内や街に溢れる光景は、一種の風物詩にさえなっている。彼ら彼女らが、個別企業や就職情報企業の主催する、採用説明会場に列を作る光景に人々が違和感を持つこともない。しかし、卒業「予定者」が一年前に、一斉に企業の採用内定をとるために励む姿は、欧米には見られないものだ。

アメリカではハーバード大など、入学選抜の厳しい一部の有力私大などを除けば、4年間で卒業する学生の割合は、せいぜい5割程度といわれている。親の経済援助を期待できなければ、学費が続く間は学生として授業の単位をとり、学費が途絶えれば、パートタイムの仕事で学費を貯めて、また大学に戻るということを繰り返して卒業を目指す学生も珍しくない。そのような学生が、「卒業見込み証明書」を手に、卒業一年前に採用の内定を受けられるはずもない。

その一方で、コロンビア大やイエール大などの有力なロースクール（法科大学院）では、学年の終わる5月の大学キャンパスに、ニューヨークやワシントンD.C.などの有力な法律事務所のリクルーターが送り込まれてくる。彼らは、1年目を終えたばかりの学生と面接を繰り返し、それぞれ何人かの学生との間で、卒業時に雇用する仮約束をして帰っていく。ほぼ採用が決まった最終面接では、学生たちは最高級レストランで接待を受けるのが慣例となっている。就任時には年収16万ドル（約1750万円、2019年1月時点の為替レート）程度を約束されるエリートたちである。

なぜ日本では、日本を代表するような大学の学生から、無名大学の卒業できるかも怪しい学生も含めて、企業が一斉に採用活動を始め、学生たちもそれに応じるのか。この特殊性は、日本の大学の成り立ちと、大学と企業との関係の歴史にまで遡らないと理解が難しい。まずは、学生の定期採用の歴史から見ていこう。

大学と企業の間——新卒定期採用慣行の始まり

雇用制度の歴史研究によれば、我が国の企業が高等教育機関の卒業者を定期採用するようになったのは、日清・日露の戦間期のことだったとされる。当時、近代産業の技術者は帝国大学や東京高等工業学校（現・東京工業大）など、ごく限られた教育機関からしか供給されなかったから、技術職員が卒業後に即就職するという、日本特有の仕組みが生まれた。間もなく、エリート事務職員の採用も同様の方法がとられるようになった。

三井物産が1912年に人事課を設立するなど、財閥系企業の多くが、大正期に入るころから、高等教育機関の卒業生の定期採用を計画的に行うようになった。20年代には、主要企業が、帝国大学、各種の官立専門学校に加えて私学も含めて、技術職員や事務職員を定期採用する慣行が定着するようになる。青雲の志を抱く若者にとって、高等教育機関を卒業することは、給与所得者である中産階級の安定した生活を得るために必要な学歴を入手する確実なルートになった。1930年の高等教育機関の入学者数は、官立が約7700人、公立が約250人、私立が約1万人の計1・8万人程度の規模であった。エリート養成機関というに相応しい規模であった。

東京に集中する私学

まず、私学から見ていこう。近代日本で私立の高等教育機関が「大学」を名乗れるようになったのは、1918年に公布された大学令によってである。20年、私学の代表格だった東京専門学校（現・早稲田大）と慶應義塾が真っ先に昇格し、続いて同年内に國學院、中央、同志社、日本、法政、明治の6校が昇格した。同志社を除いて、すべてが東京に集中したのには、四つほどの理由があった。

第一に、帝国大学から高級官僚へ進むルートに乗れなかった者に対し、私学が代替ルートを提供していたことである。東京法学院（中央大）、和仏法律学校（法政大）、明治法律学校（明治大）など、法学校が多いのもそのためである。高級官僚の登竜門であった高等文官試験では、帝大の卒業者には予備試験免除などの特典が与えられており、私学出身者は不利な扱いを受けていたが、それでも一定の合格者を送り出していた。

第二に、企業活動の拡大にともない東京を本拠地とする企業で、法律の実務や財務に詳しい人材の需要が高まり、官学卒に交じって私学卒が参入する余地が大きくなったのである。ただし、ここでも官学と私学の差別は明らかで、例えば、大正中期の三井鉱業では、初任給は帝大法科が40円、慶應と早稲田の政治経済が30円（早稲田の理工科は35円）と、差が付けられていた。

第三に、関西には、官立・公立の高等商業専門学校があり、企業の求める人材を私学に依存する度合いが東京より低かったことである。1880年にまで淵源を遡れる市立大阪高等商業学校（現・大阪市立大）が1901年に正式に開設され、翌1902年には官立神戸高等商業学校（現・国立神戸大）も開設されている。

第四に、いずれの私立法学校も司法省あるいは帝大関係者の支援を受けて創立され、その後も、授業の相当部分が、官立学校の教員や法曹界の現役によって担当されていたことである。早稲田や慶應が政府から一定の距離を保っていたのに対して、中央・法政・明治の前身である法学校は、その開設の経緯からして、官立学校の補完的性格を強く持っていた。

私学はその後も、官学が支配的な官僚の世界へ進む脇道としての役割とともに、東京を中心とした企業へ人材を供給する教育機関として成長していった。ただし、私学が大学と認められるには単科大学で供託金50万円（現在の貨幣価値で10億円程度）を政府に納めることが求められたこともあり、ごく一部を除いて、私学の開設は、学生を確保できる首都圏と関西圏に限られた。戦前を通して、統廃合されたものも含めて私学は30校に留まり、内20校が東京とその近隣を所在地としていた。

政府は高級官僚の養成と西欧の産業や医療などの技術移入のため、帝国大学を1886年に東京、続いて97年に京都に開設するが、その一方で20世紀に入る頃から、近代産業を支える人材を育成するために各種の官立専門学校を開設してゆく。企業活動を支える人材育成のための商業専門学校、地場産業開発のための鉱工業専門学校や農林水産などの専門学校、あるいは医学専門学校を、各地に開設していった。地元に高等教育機関が置かれることは、都市にとって大きな飛躍の契機となることもあり、各地では盛んに誘致合戦が闘われた。なお、それらの大部分は戦後の新制大学発足の際、地方国立大学に統合されていった。

地方の官学

明治末になると政府は、近代的な企業経営に必要な会計学や交易実務などの知識や技術をもつ人材を育てるため、全国に11校の官立商業専門学校を開設した。05年に山口（現・国立山口大経済学部）と長崎（現・長崎大経済学部）に、10年に小樽（現・国立小樽商科大）

に開設されたが、山口高等商業と長崎高等商業は、第二外国語として中国語や朝鮮語を指定し、小樽高等商業ではドイツ語やロシア語を第二外国語として、それぞれの地域の金融業務や貿易活動に従事する人材を提供する役割を果たした。

彦根高等商業学校（現・滋賀大経済学部）は、9番目の官立商業専門学校として22年に創立された。彦根町は地元実業家たちの応援を受け、県庁所在地の大津との誘致争いの末に設置を勝ち取った。開設後は、江戸時代から全国に商業ネットワークを広げていた近江商人の系譜を引く企業との密接な繋がりから、全国に優秀な人材を送り出した。デパートの高島屋や大丸、商社の伊藤忠商事や丸紅、寝具の西川産業など、日本を代表する企業の多くが滋賀県にルーツを持っていたから、先行した商業専門学校に負けない勢いで、金融、商業、教育などの分野に多くの人材を全国に広く送り続けた。

鉱工業分野でも地場産業を背景に、10年には、山形県に米沢工業専門学校（現・山形大工学部）、秋田に秋田鉱山専門学校（現・秋田大工学資源学部）、長野県に上田蚕糸専門学校（現・信州大繊維学部）が、同時に開設された。その後も官立工業専門学校は全国各地に30校近くが開設された。

恐慌と就職支援

1917年に出版された奥野他見男の『学士様なら娘をやろか』は、当時のベストセラーになった。大学卒業が予定される男の結婚話などを題材にし、帝国劇場や三越デパートなどの都会的風景を取り入れた、大衆向けのドタバタ作品である。この段階で、大学は東京、京都、東北、九州の4帝国大学しかなく、「学士」はごく限られたエリートだったが、官立の専門学校、その後に成立する私立大学も含めて、卒業生たちは基本的に安定した雇用にたどり着く可能性が高く、娘を持つ親にしてみれば理想的な婿であった。

しかし29年に昭和恐慌が発生すると、「大学は出たけれど」という言葉が流行語になるなど、大卒の就職難は突然に深刻化した。帝国大学の卒業生でさえもが就職難に直面し、一部の私学では就職部を設置して、大学を挙げて卒業生のために就職支援活動に取り組んだ。官学の卒業生たちが基本的に、官庁や企業に就職した卒業生との人的な繋がりを通じてリクルートされていたのに対して、私学では学校を挙げて就職支援を行うという対照的な傾向は、現在にまで通じている。

その後の日本経済は円安政策などによって、33年には恐慌から脱出し高等教育は再び大

き く拡大することになった。さらに日中戦争が泥沼化し、「国家総動員法」が出されると、高等教育にも戦時体制のいっそうの強化が進められた。工業技術者をいかに短期間で養成するかが最重要課題となり、一部の官立高等商業では工業専門学校への転換さえ求められた。私学でも、工業分野の学校が相次いで高等教育機関として認められることになった。関西工学校は、40年に関西高等工業学校（現・大阪工業大）へ、武蔵高等工科学校は、42年に武蔵高等工業専門学校（現・東京都市大）へ、また、長らく工手学校の名称で運営されてきた工学院は、44年に工学院工業専門学校（現・工学院大）へ、同年に芝浦高等工学校が芝浦工業専門学校（現・芝浦工業大）へと、それぞれ専門学校に昇格している。

また、社会の各分野での労働力不足から女性の社会進出が促され、高等教育を受ける女性も急増した。とくに開業医が軍医として動員されると、国内の医師不足が深刻化し、名古屋女子医学専門学校など、女子の府県立医科専門学校が7校新設されるなど、女子の医学への進出を促す結果に繋がった。

教員養成学校も大きな変革を迎えた。その制度の創設以来、独自の教育体系をかたち作っていた師範学校が43年の法改正により、専門学校と同等のものとなり、全国の県立師範学校のすべてが官立に移行した。

明治以降、官学を中心に整備され、私学がそれを補完するかたちで発展してきた戦前の高等教育は、戦時体制下での大きな変動、さらには連合国軍占領下での大きな改革を経て、新制大学へと姿を変えていったのである。

新制大学の発足

１９４９年に新制大学がスタートした時点でも、私大の大都市圏集中は変わらなかった。48年にフライングで東京に6校、関西に5校の全11校が私立大学として認可された。目立ったのは、戦前最後まで大学を称することを認められなかった津田塾や神戸女学院など、女子の高等教育機関が半数近い5校を占めていたことである。

49年には、国立70校、公立17校と並んで、私立は前年に認可された大学も含めて92校が出揃った。その内、所在地を東京都とするものが50校と、半数以上を占め、以下、京都府の10校、大阪府・兵庫県の10校、愛知県が5校と続いた。戦前と変わらず、東京一極集中だった。地方と呼べるものは、ノートルダム清心女子大（岡山市）、松山商科大（現・松山大学）（松山市）、高野山大（和歌山県高野町）、天理大（奈良県天理市）、広島女学院大（広島市）の5校に過ぎなかった。

100校以上の大学が誕生したわけだが、各大学の実態は大きな格差があった。総合大学の旧帝大から、ミッション系語学学校を前身とする小規模な単科私大までが、同じ大学の名を名乗ることになった。また各地の官立専門学校は、県単位でひとつにまとめられ、地方国立大学となったが、その多くは「蛸足大学」と呼ばれ、いまだに一体としての運営からは程遠い大学も少なくない。すべてが大学の名を冠したために、もっとも権威のあった旧制大学を真似て、旧制専門学校からは実学重視が薄れ、それぞれ建学の精神に基づいて設立されたはずの私大の独自性も薄れていくことになった。

戦後の新卒採用

朝鮮戦争特需で景気が急速に回復すると、企業間の人材確保競争が激しくなった。53年には企業団体側と大学側との間で紳士協定として就職協定が結ばれ、大学4年生の10月以降の採用活動というルールが設定され、金融、商社、製造などの業種別に、日程をずらして採用試験が一斉に実施されるようになった。しかし実際には、戦前からの大学と企業との同窓生（OB）を通じた繋がりや、個々の教員の持つコネによって、あらかじめ内定している学生も多かった。

54年に卒業した一橋大卒業生たちの思い出のなかには、就職にまつわる話はほとんど出てこない。寄稿した数十人の思い出は、ほとんどが在学中のスポーツ活動や授業などの記憶である。2人だけが就職に関連する思い出を書いている。1人は、ゼミの教員から、アメリカ駐在の要員として採用したいという企業の話を紹介され、親族と相談してそれを断ったという話である。本人はその後、正規の採用試験を受けて製鉄会社に就職を決めた。さらに後日談があり、就職を個人的に斡旋しようとした教員が、学生の間で批判されて騒ぎになった。学生たちにとって、教員は学問の指導者であり、少なくとも表立って就職斡旋をするべきではないとされていたのである。もう1人は、就職の苦労話として、成績が悪かったので「当時は落ちこぼれの行くところとされていた商社に辛うじて入社した」という思い出を紹介している。

57年10月5日の朝日新聞では、「〝就職協定破り〟続出　大手筋商社に多い」との見出しで、「身体検査といった名目で面接試験はすませている」とか、大学の方でも「わが校の卒業生は協定にしばられません」と、学生たちの動きを促すものも多い、と伝えている。大卒者を採用する企業が増え、各社とも採用数を増やしたため、人材獲得競争が激しくなり、企業間で協定を結んだものの、各企業は採用実績のある各大学を中心として水面下で採用活動を進めていたのである。

戦前から続く大学や教員個人と企業との繋がりのなかで学生たちの就職は内定し、解禁日以降の採用試験は、多くの場合、形式的なものに過ぎなかった。中卒就職者80万人に対して大卒就職者は8・7万人と、同一年齢人口の4・4%であり、学生はまだまだエリートの時代であった。

高度経済成長

50年代後半から始まった高度経済成長は、あらゆる学歴層の求人を急増させた。地方の中高卒者については、当時の公共職業安定所が中心となって大都市圏の中小企業の求人と求職者とをマッチングさせる集団就職の仕組みができた。当時の国有鉄道が協力して、最盛期には年間数十万人という大量の若年労働力を大都市圏に移動させた。彼らの多くは大都市圏のブルーカラーとして高度経済成長を支えた。

急成長を遂げつつあった企業は、製造部門の技術者を確保するとともに、管理部門や営業部門に大量の大卒者を採用するようになった。彼らはホワイトカラーではあるが、エリートというよりは、もう少し大衆化した「サラリーマン」という言葉の方が適当だろう。

61年には男子の大学進学率が15％を超えた。アメリカの教育社会学者マーチン・トロウは、進学率が15％を超えると大学教育はエリート段階からマス段階に移行すると唱えたが、日本でもこの時期、大学は大衆化の大きな節目を迎えたのである。

大都市圏の私大

とくに大都市圏に住む中間層では、所得水準の上昇によって子どもたちに大学教育を受けさせることが可能になった。高度経済成長の後半は、戦後ベビーブーム世代（団塊の世代）が大学進学に差し掛かった時期でもあった。この期間には大都市圏の大学、とくに私大は学部の増設や定員増によって、急激に規模を拡大した。次表は大都市圏に置かれた主要私大の60年と75年の入学定員と拡大率を示し、その間に増設された学部などを整理したものである。

大学の入学定員は60年に国立4万7535人、公立6055人、私立7万1098人だったが、15年後の75年には、それぞれ約7万6000人、約9800人、約18万4000人にまで膨れ上がる。私大では早稲田と慶應が40％程度の増加、明治、同志社はほとんど変わらないなど、すでに相当な規模になっていた大学の拡大幅は大きくなかったが、それ

【表1-1】主要私大の規模の変化

大学名／年	入学定員 1960年	入学定員 1975年	拡大率	増設学部
北海学園大	200	800	300%	法学部、工学部
東北学院大	500	1,460	192%	工学部、文経学部、法学部
千葉工業大	560	1,020	82%	
日本大	5,680	11,420	101%	松戸歯学部
法政大	3,080	3,830	24%	
早稲田大	5,805	7,950	37%	社会科学部
中央大	3,560	4,630	30%	
慶應大	2,760	4,040	46%	
青山学院大	1,100	2,490	126%	理工学部
明治大	5,060	5,280	4%	
立教大	915	2,235	144%	
東洋大	1,060	1,870	76%	工学部、経営学部
東京理科大	840	2,130	154%	薬学部、工学部
駒澤大	490	2,400	390%	法学部、経営学部
専修大	900	2,330	159%	経営学部、商学部、文学部
玉川大	120	770	542%	工学部
大東文化大	120	1,250	942%	文学部、経済学部、外国語学部、法学部
明治学院大	640	1,330	108%	社会学部、法学部
上智大	880	1,530	74%	理工学部
東海大	180	4,480	2,389%	海洋学部、理学部、政治経済学部、体育学部、教養学部、医学部
南山大	390	790	103%	外国語学部、経営学部
名城大	830	2,170	161%	法学部、商学部、農学部
同志社大	2,855	3,005	5%	
立命館大	2,308	3,225	40%	経営学部、産業社会学部
関西大	2,400	3,660	53%	社会学部
関西学院大	1,565	2,005	28%	社会学部、理学部
近畿大	1,320	3,540	168%	医学部、産業理工学部
福岡大	930	2,960	218%	薬学部、工学部、人文学部、体育学部（現・スポーツ科学部）、医学部
西南学院大	400	1,120	180%	経済学部、神学部、法学部

出典：文部科学省『全国大学一覧』

に次ぐレベルの大学が大きく拡大した。

青山学院大は約2・3倍に拡大し、この間、理工学部を新設している。立教大は文学部と社会学部にそれぞれ学科を増設して定員を増やした。名城大では、学部・学科の大幅な再編を経て、2・5倍ほどに拡大している。上智大も62年に理工学部を開設するなど、大幅に拡大している。北海学園大、東北学院大、玉川大、福岡大にも、それぞれ工学部が開設された。高度経済成長によって、大学は企業の求める人材育成機関へと再編する圧力が強まり、とくに私大は、それぞれが持っていた創立の理念やイメージとは関わりなく、その要請に積極的に応えたのである。

なお、この時期の私学の急激な拡大は、設備投資による授業料の値上げとマスプロ教育をもたらした。国立大の授業料が71年まで年額1・2万円に抑えられていたのに対して、同じ期間、私学の授業料はその10倍以上にも急騰した。そのうえ、後述するように大幅な水増し入学が常態化していた。企業に大量雇用されるホワイトカラーがすべてエリート候補になるはずもなく、大卒の価値が軽くなったことは誰の目にも明らかであった。大学、とくに私大は自ら進んで大衆化路線を突き進み、60年代後半に広がった学園紛争の激化を招いたのである。

地方圏の私大

60年代に入ると、それまで私大が存在しなかった地方にも、相次いで私大が開設され、新たに全国の19県で私大が生まれている。次ページからの表は大都市圏を除く各県で最初に開設された私大である。その多くのルーツは戦前に遡り、商業教育（簿記学校）、女子教育（裁縫学校）、ミッション系の語学教育（英語学校）あるいは、工業教育（電気学校）などを起源とするものだった。高度成長期には、地方でも所得水準が上がるとともに、企業の新卒一斉採用の慣行も広がった。また地元で大学教育を受け、大都市での就職を目指す高校生も増えていったのである。

しかし、団塊の世代の大学進学に合わせて開設された、これらの私大の多くは、その後、団塊の世代ジュニアの進学期を除けば、経営は苦戦を続けることを強いられる。青森大は、81年に社会学部、92年には工学部、04年には薬学部と拡張を続けたが、18年度の定員充足率は85％に留まっている。秋田経済大（現・ノースアジア大）は日大理事長だった古田重二《じゅうじ》良《ろう》が、自分の出身地に開設した短大が元になっている。08年には法学部に観光学科を開設しているが、18年度の充足率は71％である。足利工業大は、市内の仏教寺院が協力して開

【表1-2】地方各県の最初の私大と学部

道府県	大学名	開設年	最初期の学部
北海道	北海学園大	1952	経済学部
青森	青森大	1968	経営学部
岩手	岩手医科大	1948	医学部
宮城	東北学院大	1949	文経学部
秋田	秋田経済大（現・ノースアジア大）	1964	経済学部
山形	東北芸術工科大	1992	芸術学部・デザイン工学部
福島	郡山女子大	1966	家政学部
茨城	流通経済大	1965	経済学部
栃木	足利工業大（現・足利大）	1967	工学部
群馬	上武大	1968	商学部
新潟	新潟薬科大	1977	薬学部
富山	高岡法科大	1989	法学部
石川	金沢工業大	1965	工学部
福井	福井工業大	1965	工学部
山梨	山梨学院大	1962	法学部
長野	本州大（現・公立長野大）	1966	経済学部
岐阜	岐阜経済大	1967	経済学部
静岡	常葉学園大（現・常葉大）	1980	教育学部
三重	皇學館大	1962	文学部
滋賀	成安造形大	1993	芸術学部
奈良	天理大	1949	文学部
和歌山	高野山大	1926	文学部
岡山	ノートルダム清心女子大	1949	学芸学部
広島	広島女学院大	1949	英文学部
山口	梅光学院大	1967	文学部
徳島	四国女子大（現・四国大）	1966	家政学部
	徳島女子大（現・徳島文理大）	1966	家政学部
愛媛	松山商科大（現・松山大）	1949	商経学部
香川	四国学院大	1962	文学部

道府県	大学名	開設年	最初期の学部
佐賀	佐賀家政大（現・西九州大）	1968	家政学部
長崎	長崎造船大（現・長崎総合科学大）	1965	工学部
熊本	熊本商科大（現・熊本学園大）	1954	商学部
大分	別府女子大（現・別府大）	1950	文学部
宮崎	南九州大	1967	園芸学部
鹿児島	鹿児島経済大（現・鹿児島国際大）	1960	経済学部
沖縄	沖縄国際大	1972	文学部、法学部、商経学部

（注：網掛けが60年代開設大学）　出典：文部科学省『全国大学一覧』

設した女学校が起源だが、67年に工業大学を開設した。14年に看護学部を増設し、現在は大学名から「工業」を外し、工学部の定員を減らして辛うじて定員充足率を満たしている。

長野県上田市に開設された本州大（現・長野大）は、学生募集の不調から72年には一時、入学募集を停止し、74年に、産業社会学部（産業社会学科・社会福祉学科）として、募集を再開している。さらに07年には、学部を環境ツーリズム学部と企業情報学部に再編するなど、迷走といってもいいような経営が続いた。上田市に公立化を働きかけ、17年に公立大学法人となっている。

山口県下関市の梅光学院大は宣教師夫妻が開設した女学校が起源である。大学も日本文学と英文学の文学部のみの女子大としてスタートした。しかし01年に共学化したものの、定員割れに陥り、学部の新設、文学部の改組、校地の移転などの改革を進め、12年以降には順次併設の中高の共学化も行った。その過程で、同窓会などから理事長の退任要求が出されるなどの混乱が発生しているが、学部改組の効果もあってか、16年度からは定員を充足する入学者を確保している。

四国女子大（現・四国大）は、大正末期の裁縫学校を起源としている。戦後、家政系の短大を開設し、66年に家政学部のみの女子大を開設するとともに、短大に幼児教育科と付属幼稚園を設置するなど、典型的な女子教育学校として発展させてきた。92年に共学化し、大学名を現名称に変え、01年には経営情報学部、09年には看護学部を新たに開設するなど、辛うじて定員をほぼ充足している。

この他60年代には大都市圏において、工業の単科大学が多く開設されている。北海道工業大（67年、現・北海道科学大）、東北工業大（64年）、相模工業大（63年、現・湘南工科大）、広島工業大（63年）、福岡電波学園電子工業大（63年、現・福岡工業大）、西日本工業大（67年）である。

私大の急膨張

大都市圏では既存の私大が学部・学科を増設しながら拡張し、私大のなかった地方でも新たに開設されるなど、私大は急成長した。さらに私大は政治的な働きかけにより、文部省の規制を逃れて定員を増やせるようにした。60年代初め、ある私学経営者が政治家を巻き込んで、私大の学科増設と定員変更を、事前協議制から事前届出制へと変更させた。いったん開設した学部には、自由に学科を増やし、定員を拡大することが可能となった。そのうえ、大幅な水増し入学も一般化していた。私大全体の定員超過率は75年には84％に達していた。

その結果、60年代初めの志願者に対する収容率は60％未満であったのに対し、団塊の世代の波が押し寄せた60年代後半の時期にも、収容率は70％を越えていた。その大部分が、私大の収容力の膨張によるものだった。この間の設置者別の入学者数は、国立4万6500人から7万5500人への増加であったのに対して、私立は11万2500人から33万7800人へと大きく膨らんだ。

教育環境の劣化を見逃せなくなった文部省は、75年に私立学校振興助成法を成立させ、私学への助成金と引き換えに、学部・学科および定員を届出制から許可制に転換し、定員超過率の引き下げに乗り出し、85年には26％にまで抑えた。もっとも、その後86年からは、団塊の世代ジュニアの大学進学者の波が大学に押し寄せ、「臨時定員」の名によって、再び大幅な水増しを認めざるを得なくなったのだが。

私大の社会科学・国立の工学

では高度経済成長期、どのような学部分野でどの程度の拡大があったのか。60年から75年にかけて、学部系統別の在籍者数の変化を見ると、もっとも大きな拡大があったのは、法学・経済学などの社会科学系で、約26万人から約56万人へと倍増し、工学系が9万人から28万人へと3倍以上の増加があった（図1-1）。それぞれ70年時点では、毎年、社会科学系が約14万人、工学系が約7万人の卒業生が送り出されていた計算である。社会科学系では、その増加分の大部分を私大が担っていたが、施設・設備などの初期投資の負担も大きい理工系では、国公立大が一定の割合を占めていた。

経済、法学、商学、社会学を含む社会科学系の入学者は、60年から75年の間に6万9000人から18万人に増加しているが、その増加分の大部分10万5000人は私立が占めていた（図1-2）。一方の工学、理工学、基礎工学を含む工学系では、2万7000人から7万1000人に増えたが、国立が2・3倍、私立が2・9倍と同程度の伸び率だったのである（図1-3）。この間、私大はサラリーマン予備軍の養成機能を大きく膨らませてい

【図1-1】学部系統別学生数

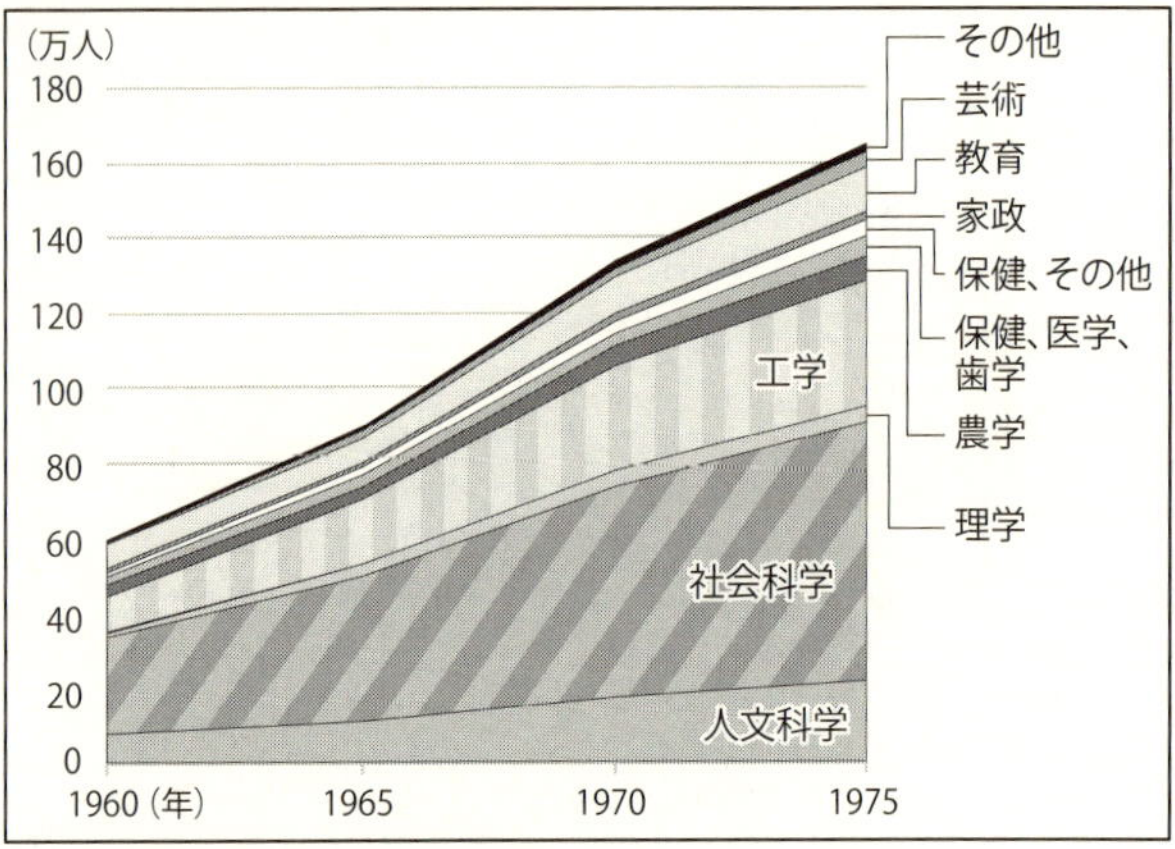

出典:文部科学省『学校基本調査』

【図1-2】設置者別　社会科学系学部入学者数

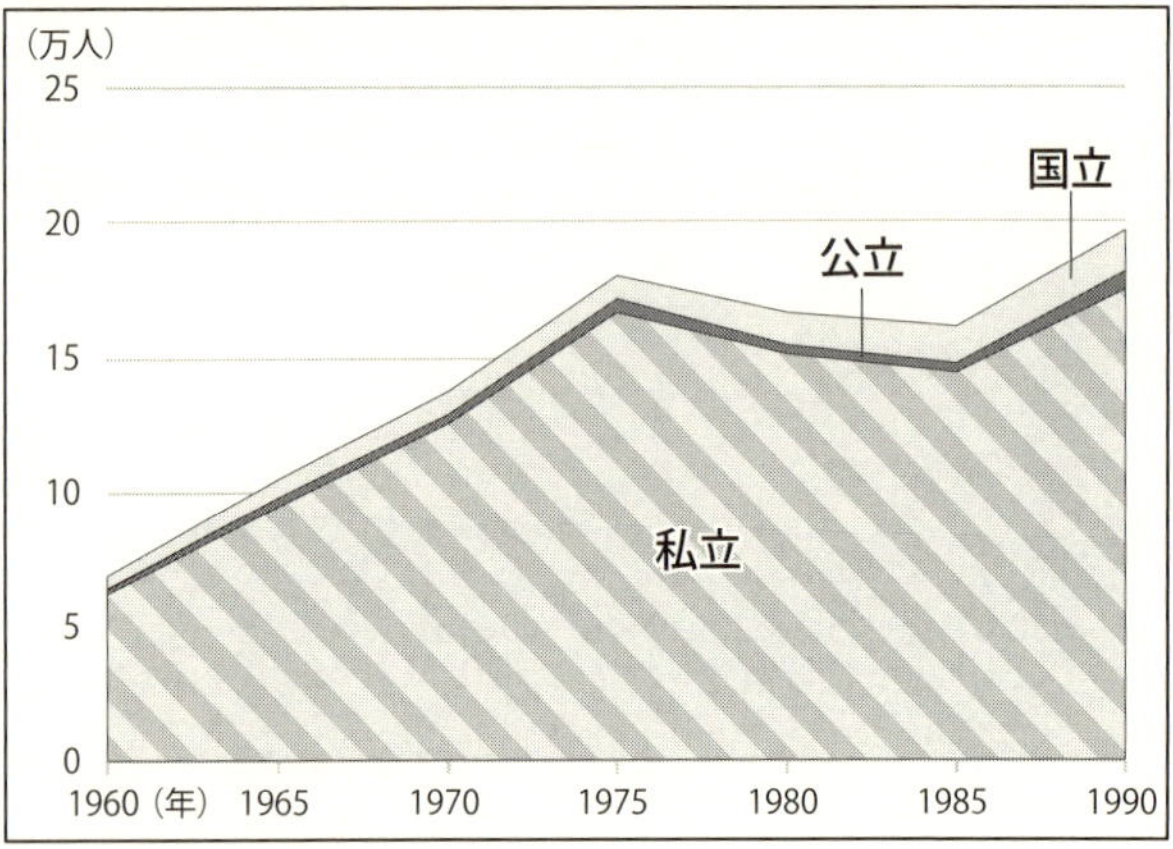

出典:文部科学省『学校基本調査』

【図1-3】設置者別工学系学部入学者数

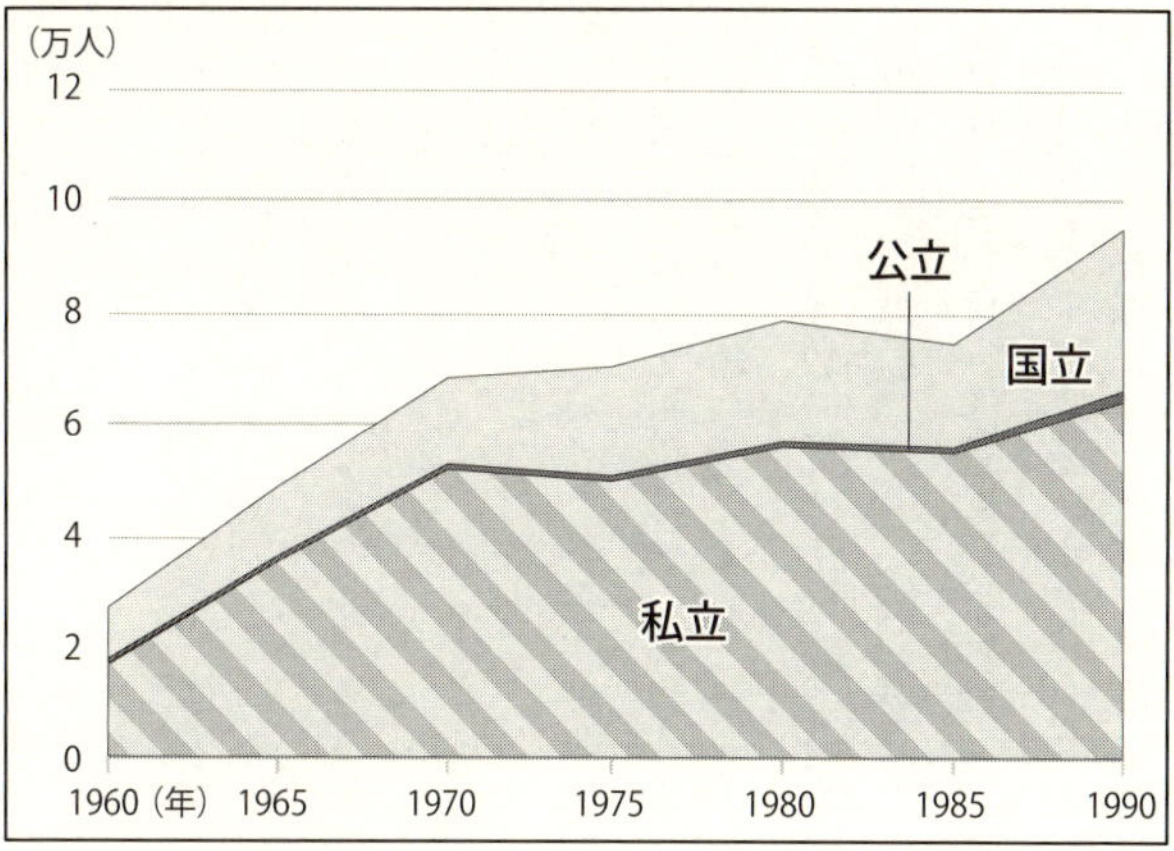

出典：文部科学省『学校基本調査』

ったことを示している。

企業の採用方針の転換

高度経済成長の始まった頃、ある研究者は大手商社の人事担当者の次のような言葉を拾っている。「事務系は旧帝大プラス三商大（筆者注：一橋大、神戸大、大阪市立大）というところです。しぼらないとワンサカと受験生（筆者注：応募者）が詰めかけて処理できませんから」。財閥系などの大手企業は当初、戦後に開設された新しい大学や学部の学生を採用する考えはなかった。従来の方法で、信頼のおける大学の卒業生だけを採用しようとした。しかし、企業活動の拡大によって数百人という単位で定期採用することになった企業は、そのようなことをいっている余裕がなくなる。

企業は難しい判断を迫られることになった。企業間の人材確保競争が激しくなり、それまでの採用ルートで必要な人数を確保できなくなった。企業は専門性（商学や法学など）を優先して大学のレベルを下げて採用するか、専門性を犠牲にしてレベル（大学）を維持し、それまでは採用していなかった文学部や教育学部などの他学部の学生を採用するかの判断を求められたのである。

有力企業の多くは、基本的に後者を選んだ。ただ従来は採用していなかった学部の学生の奪い合いも激しくなったから、推薦依頼や指定校という制度を利用し、企業は大学のレベルを下げることを可能な限り避けながら採用活動をしたのである。もともと新卒一斉採用の慣行では、入職者の配属は、学部の専門性とは関係なく、初期の研修のなかで決められ、その後も、複数の部門を経験させながら、結果的に職務の専門性が定まっていくという仕組みだったから、採用方法を変更するハードルは低かっただろう。

教育社会学の竹内洋京大名誉教授は、京都大教育学部から大手保険会社に採用された自身の経験を紹介している。65年度採用の新入社員は、営業系の新入社員の研修が半年だったのに対し、事務系は1年間の研修が課されたという。当時、大卒就職者数は13万500

0人にまで拡大していたから、大部分の大卒で採用された者が幹部職員候補生というわけではなく、多数の新入社員の1人という位置づけであった。有力企業は、大学名でスクリーニング（選別）しながら、必要見込み数の新入社員をリクルートするようになったのである。

そのための仕組みが、60年代に主流となった推薦依頼制度だった。企業は大学に学生の推薦を依頼し、推薦された学生に対しては原則、面接程度で採用を決定する。その後、70年代に主流になったのは、指定校制度であった。指定した大学からのみ応募者を受け付け、応募者に対しては、筆記や面接試験を課したうえで採用を決定する仕組みだ。いずれにしても企業の新卒採用にあたっては、学部などの専門性よりも大学名が優先される傾向が定着した。

学歴主義の成立

教育を通じて身につけた専門性よりも、社会的ステイタスの高い大学出身であることが重視されることを学歴主義と呼ぶとすれば、日本における学歴主義（社会）は70年前後には成立したといえる。

『朝日新聞』のデータベースでは、「学歴主義」は、64年3月16日に社説「試験地獄と学歴主義」に出てくるのが初出である。雑誌では、企業人事をテーマとする『労務研究』63年6月の記事「昇進配置管理における学歴主義と能力主義との調和」が初出で、その後、65年から66年にかけて、総合雑誌に「学歴主義の現状（実態調査）」、「年功主義・学歴主義・実力主義」などの記事が掲載されるようになっている。

「学歴社会」の語も70年代に入る頃には定着する。72年には、岡田真『都市化日本の学歴社会』、日本経済新聞社編『高学歴社会の若者たち』が相次いで出版され、もっとも早い時期のものである。『朝日新聞』の74年4月8日には「学歴社会に負けた都立高の『学校群』」の記事で使われている。「名門校」を目指して過熱した受験競争を解消するため、67年に導入された都立高校の学校群制度は、よりステイタスの高い大学への進学を求める生徒・保護者の反発から、都立高校の凋落と私立高校の台頭を招き、わずか4年で見直しを迫られたのである。

75年の経済同友会の調査によれば、企業の約40%が大学を指定して求人していたし、同じ時期のリクルート社の調査でも、従業員数5000人以上の企業の56%は、大学を指定していた。さらに30%は国公立を中心とした有力大学を指定していた。また逆に中小企業の多くでは、企業の約40％が大学も学部も指定しないと回答している。

バブル崩壊直前の91年8月18日の『朝日新聞』は、「『改善は不可能』企業棚上げ」の見出しで、「企業が出身大学別に若手社員をリクルーターとして編成し、会社訪問の解禁前から水面下で後輩と接触させる「ＯＢリクルーター制度」が本格的に定着し、ＯＢ社員のいない学生との不公平感が頂点に達した」と伝えている。94年3月卒業の社会科学系出身者の男子大卒就職者を対象とした研究でも、内定に至る経過で、企業のＯＢとの接触機会は、出身大学の偏差値にもっとも大きく左右されていたことが明らかにされている。

新卒一斉採用の歴史は古いものであったが、大量一斉採用という量的な拡大は大学にも質的な変化をもたらした。大学は入学時の難易度によって、卒業生たちの専門的能力ではなく、未分化の一般的な業務遂行能力を担保する教育機関としての性格を強めたのである。それは、大学を目指す受験生たちの受験行動にも大きな変化をもたらした。理系か文系か程度の大きな選択はともかくとして、大学のレベル選択が重要性を増したのである。学生の評価が、専門から大学名へと転換するうえで大きな役割を果たしたのが偏差値である。偏差値については次章以降で述べる。

第二章

偏差値から大学ランキング、就職ランキングまで

高校受験と偏差値

教育の世界に偏差値が入ってきた経過とその役割について整理しておこう。まず日本の学校で、偏差値という語はいつ頃から使われるようになったのか。小中学校の教育関係者には、知能検査の結果が偏差値で示されたのが、発端であったらしい。かつて小学校就学時などに行われていた知能検査（ＩＱ）は中央値を１００として示されるが、日本人には50点を平均とする方が馴染むのか、中央値からのプラス・マイナスの距離（偏差）に50を足して「偏差値」という数字が普及するようになった。１９５１年の教育雑誌『児童心理』に「知能偏差値をＩ.Ｑに換算する方法」という記事が掲載されているから、一部の熱心な教員の間では、偏差値というものが、早い時期から知られていたのであろう。ここでは、偏差値は中央からの距離という本来の統計学上の概念であり、それ自体が何らかの価値を表すものではないと理解されていた。

受験の世界に偏差値が導入されるうえで、重要な役割を果たしたのが桑田昭三であった。戦後、都内の公立中学校の教員として働いていた桑田は、担任する生徒たちの進学指導のあり方に悩んでいた。ある年、担任したクラスに成績優秀な母子家庭の生徒がいた。危ぶむ教員もいたが、本人の希望も尊重して、学区内のトップ校を受験させる。しかし彼は不合格となり、経済的にも私立高校の選択肢はなかったため、定時制高校に進むことになったという。それ以来、桑田はより正確に合格可能性を算出する方法を模索し、57年に数学の教員から統計学の解説を受け、偏差値の利用法を編み出した。

都内では55年頃から、都立高校受験に向けた業者テストが行われ、合格可能性の判定が提供されるようになっていたが、桑田は自ら編み出した偏差値を使って、どの業者テストにも負けない、ほぼ完璧な合格可能性を示すことに成功した。教員として、その手法を広める活動をしていたが、63年には進学研究会という教育情報企業に転職した。本格的に進学指導資料を提供する仕事に集中することになる。同社は68年、大型コンピューターを導入し、採点処理から偏差値の算出までの作業は大幅にスピードアップされた。

高校進学率が上昇するにつれて、各地に業者テストは急速に普及する。74年に全国の高校進学率は90%を超えた。大学と異なり、基本的に浪人の選択肢はなく、受験機会もごく限られる。受験生たちは確実に入学先を確保しなければならないし、中学校教員も生徒全員の進学先を確保するプレッシャーに晒《さら》される。高校は大学進学実績などによって、はっきりと序列化されているから、合格可能性を優先させての相談となる。

教員たちは日頃、生徒の学習意欲を高めるためにも、生徒が自尊心を満足させることのできる、少しでも上位の高校を目指すように指導する。高い目標に向かって生徒たちの意欲を加熱するわけである。しかし、いざ実際の進学先の決定時期になれば、学力的に相応の高校を選択させることが必要になる。「高望み」を認めれば、不合格の可能性が高くなり、受験機会の限られる高校受験では行き場を失いかねない。その際に、強力な指針となるのが業者テストの示す偏差値であった。意欲の冷却である。教員は否応なく、マッチポンプにならざるをえない。

公立高校の選抜方法は府県によって異なる。入学試験の点数と中学校の日常的な成績を示す調査書（内申書）の点数の扱いかたも異なるから、合格可能性の判定方法は、それぞれの府県の事情に応じて示される必要があった。文部省は76年に業者テストの実態調査を行う。その結果、47都道府県のすべてにテスト業者がひとつ以上存在し、公立高校入試に向けたデータを提供していた。文部省は各教育委員会に「過度の依存」を避けるように、との通達を出した。70年前後にはいずれの府県にも業者テストは存在し、中学校の教員、生徒とその保護者にとって偏差値は馴染みあるものとなっていた。

偏差値を生み出したもの・偏差値が生み出したもの

前述したように、偏差値とは中央値からの距離を測る物差しである。物差しを当てる対象は同一種類のものでなければならない。レモンと鶏卵を重さの順に並べて、全体の平均値からの距離を測っても何の意味もないが、鶏卵だけを対象にして並び替えれば、出荷する際に便利だろう。学校で生徒たちの学習内容やその成果の評価が多様であれば、生徒を並べて単一の物差しで測ることはできないが、日本の学校教育は徹底的に標準化されているから、容易に比較できる。

他の国とは何が違うのか。例えばアメリカの初等・中等教育は、植民地時代から地域に委ねられてきた。テレビドラマにもなった『大草原の小さな家』に描かれたように、開拓民たちは、多少教育のある結婚前の若い女性などに、子どもたちの読み書きや躾などの教育を委ねた。そこには統一された教材や教育方法があるはずもなかった。したがって、初等・中等教育の内容に統一基準を示すことは、現在に至るまで、できていない。大学入学希望者に対して教科の知識や技術の習得レベルを問うのは不可能であり、その代替として、言語能力、計数能力などの潜在的な学習能力を測る「進学適性検査」が発達してきた。

レーガン政権の83年に『危機に立つ国家』という報告書が出され、アメリカの子どもたちの学力低下が大きな話題となった。これ以降、各州とも基礎的な学力の向上に力を入れ、英語、数学などの主要教科の授業時間を増やすように指導している。ある教育委員会では「運転免許」科目を、苦し紛れに英語教科に入れて数字合わせをした。アメリカの大半の州は16歳で運転免許が取得できるし、車を運転できなければ生きていけない地域も多いから、運転免許科目がある学校も多い。この科目では交通法規などの文章を読む機会があるから、英語教科だという理屈である。

ただし近年、大半の州で高校卒業試験が実施されるようになっている。基本的に卒業までに英語と数学の州試験に合格しないと、卒業に必要な単位を修得していても正規の高卒資格が認められない制度である。高校卒業認定の権限が学校長に委ねられている日本に比べて、かえって厳しくなっているともいえるのだが、大量の不合格者を避けるため、州試験の問題は基礎レベルに設定されている。

このような国では、大学入学の段階でも教科の学力試験を行うわけにはいかない。年に複数回実施される総合的な学習能力テストであるSAT（Scholastic Assessment Test）などが基本になる。大学は、その点数と高校からの書類などを提出させ、入試事務局（アドミション・オフィス）で審査して、入学の可否を出すことになる。

日本でも戦後の初期には、アメリカの占領下で経験主義のカリキュラムが導入され、選挙で選出された教育委員会の下で、多様な教育が試みられていた時期があった。生活経験のなかから計数能力や識字能力を育てていくという教育方法である。だが、戦前、国定教科書で一方的に教えることに慣れていた教育現場は混乱し、学力低下も問題視された。

その後、58年に告示された「学習指導要領」からは（試案）の文字が消され、指導要領は法的拘束力を持つものとされ、学習内容も系統主義が強調された。生活経験のなかで学習させるのではなく、文部省が学習指導要領によって教えるべき内容を示し、各教科書会社が、それに従って教科書を編集し、教員はその教科書に沿って学習指導をするようになる。また、それまではパーセンテージで示されていた教科ごとの授業時間の割り振りも、時間数で厳密に指定されるようになった。

日本の学習指導要領では、小学校一年から、学ぶべき漢字、足し算引き算の桁数に始まって、各教科に割り当てるべき授業時間数まで全国一律に指示されている。子どもたちは6歳でスタートラインに立たされ、一斉に同じコースを、ゴールに向かって走らされるようになったのである。子どもたちの学力は、平均からの距離を測る方法＝偏差値で容易に表され、子どもたちは単一の基準による相対的な評価を受けることになる。

その結果、学校が批判的思考力や独創性よりは、暗記力が幅を利かせる場となったのは当然であった。明示的に指示されずとも「要領の良さ」が奨励され、好奇心に任せて寄り道するような学習は否定される。日本の学校は、試行錯誤しながら時間をかけて問題の解決方法を考えるような生徒は「お荷物」扱いされ、何の役に立つかも考えずに、ひたすら知識と技術を正確に吸収した者が勝つ世界となった。

この頃から学習塾が増え、各地で子どもたちの「塾通い」の風景が広がる。62年9月には、NHK総合テレビが『教育の異物「学習塾」』と題する特集番組を放送している。番組では、日本の教育において学習塾が「ぬきさしならない地位を占めている」として、すでに学習塾が教育に深く入り込んでいる様子を報じた。また70年5月7日の『朝日新聞』の「変る学習塾の性格」の記事では、保護者たちの塾に期待するものはすでに変化しており、集団生活や躾の役割が期待され、本来の勉強は副次的なものにさえなっている、としている。

子どもたちの通塾率は上昇する。文部省は学習塾に関する調査を初めて76年に実施し、全国の中学3年生の通塾率は37・4％だった。その後、85年に47・3％、さらに93年には

67・1%にまで上昇している。塾の学習の大半が、学校の授業の先取り（予習）と復習でしかないし、定期テスト直前のテスト対策が中心である。塾で過ごす時間を読書などに充てれば、より深い学力が養成されるはずなのだが、塾通いするほど、子どもたちの学力は底の浅いものにならざるをえない。後に臨時教育審議会が、その第四次答申（87年）で「個性重視の原則」をうたったのは、皮肉な見方をすれば、80年代半ばには画一的で均質的な学校教育が完璧に成立したことの確認だった、といえるだろう。

偏差値と相似形の学習評価

戦後間もなく、生徒の学習成果の評価法として導入された相対評価も学校現場に定着した。標準を3として、生徒の成績分布が中央部分の38%、優秀なものを5として7%、4を24%、平均よりも劣るものを2として24%、1は7%とする。学習の評定を、中央値からの距離で示す、統計学の考えに基づくものであった。アメリカの影響によるとする見方もあるが、戦前の日本の教員の間でも知られていた考え方であっただろう。61年の指導要録の改訂において、生徒の学習成績は、この相対評価によるものとされて定着した。ただし機械的な適用を避けるために「絶対評価を加味した」との文言が付け加えられたが。

生徒の学習記録として高校に提供する調査書の学習成績は、中央値からの距離＝偏差に基づいて付けられたものであり、徹底的に標準化された義務教育内容の理解度の程度を示す数値となる。一方の公立学校の入試で問われるものも、義務教育の内容の理解度である。高校入試での調査書の点数と入試の得点の扱い方は、県によって多少異なるが、同じ性格のものであり、両者を単純に足して上位から合格とするか、縦軸と横軸のグラフ上に散布図を作成して選抜するかの違い程度である。

そして業者テストが問うものも、学習指導要領によって指示された学習内容の理解程度である。テスト参加者が全県の全生徒に近ければ近いほど、その集団のなかでの位置＝学力あるいは得点力＝は、偏差値によって正確に表現される。業者テストは、基本的に公立高校入試の模擬テストである。偏差値は生徒の学力水準を映す鏡であり、高校の合格可能性をあまりにも正確に示してしまう。

業者テストは誰が作るのか

業者テストの作問者は、中学校の教育内容を理解する教育関係者である。作問者は表には出てこないが、中学校の教育内容を熟知している人物でなければ作成できない。公立高校の入試問題は、その県内の中学校で使用されている教科書に共通する内容の範囲内で作成される。例えば、英語の試験問題では、受験生に不公平にならないよう、県内の中学校で使用されているすべての英語教科書に共通に使われている単語を拾い出して作成される必要がある。社会科などでも同様である。業者テストの作問に協力している教員が、教育委員会から高校入試問題の作問委員に任命されることもあり得る。皮肉なことに、業者テストの問題が入念に作成されればされるほど、信頼性は高まり、威力を発揮することになる。

ベネッセコーポレーションの前身である福武書店が、本拠地の岡山県内で61年に中学生向けのテストを作成した際は、「岡山朝日、岡山操山の教師の協力を得」たと、その社史に記されている。岡山朝日高校は旧制第一中学、岡山操山高校は旧制第一岡山高等女学校などを、それぞれの母体としており、戦後も京大・東大あるいは岡山大などに卒業生を輩出する伝統校である。どの県でも業者テストの作成には、そのような教員たちが関わっていたのである。

業者テストが悪者にされた理由はいくつか考えられる。ひとつは、あまりに正確で強力な道具だったために、少しでも上位の高校を希望する保護者や生徒たちにとって、「冷たく」、「教育的でない」という印象を与えること。いまひとつは、民間業者が公立学校教育に介入することに対する反感があったことと思われる。「教育的でない」とか「画一的で一面的な評価である」など、教育現場から追放する動きが、何度となく繰り返されても、業者テストが、しぶとく根を張っているのは、義務教育の求める学力を正確に測ってしまうからである。

高校進学の際に、業者テストによって付与される偏差値という数字は、義務教育内容の理解度を示すものとして扱われ、ピラミッド型に序列化された高校は、学習習熟度の順に上から生徒を受け入れていく。偏差値はいわば整理券の整理番号のようなものになった。生徒たちは中学校の3年間で常に、少しでも前に出るように奨励されるが、最後は整理券にしたがって、進学すべき高校を示される。本人が番号を無視し、列を乱して受験しても、不合格になる可能性が高い。教員は最後の段階では、生徒には順番どおりの高校に進むように説得することになる。

「埼玉方式」の終焉――高校入試の混乱と収束

92年、当時の埼玉県教育長が「埼玉方式」を唱え、業者テストと偏差値の追放を主張した。県内の私立高校が、業者テストの結果をもとにして生徒の青田買いをし、県立高校の地位が低下していたことに業を煮やしていたのである。当時の鳩山邦夫文相がこれを取り上げ、職業教育課長で現・京都造形芸術大教授の寺脇研が中心となって、全国の教育委員会に業者テストの禁止を徹底することになった。業者テストの学校現場からの追放と、テスト結果の偏差値を進路指導に利用することを禁止する通達を、文部大臣の名によって、93年に全国の教育委員会に出した。

同じ時期、高校教育改革をテーマとする中央教育審議会は、総合学科の新設などのほか、入学者選抜については、「多面的評価」、「多段階選抜」などを提案した。これにしたがって、全国の公立高校入試では、推薦入試枠が広げられたり、複数回の入試が実施されたりしたほか、中学校の学力以外の記録を評価する選抜方法が取り入れられた。公立高校の入学者選抜で、偏差値どおりの順番に生徒が振り分けられる度合いが多少とも弱められた。

この頃、突然、全国の中学校ではボランティア活動が盛んになったり、何年も候補者がなくて困っていた生徒会役員に何人もが立候補したり、という変化が現れた。入学者選抜において学力水準に加えて他の要素が加わることになったのだが、その要素は誰の目にも明らかだったから、短期間に引き上げることが難しい学力に比べ、獲得が容易な生徒会役員やボランティア活動の記録を競って手に入れようとした。

18年10月末から『朝日新聞』埼玉県版に、「高校受験と偏差値」と題する特集記事が連載された。業者テスト追放からの二十数年間の埼玉県内の動きを丁寧に追っている。記事によれば、学校現場から追放された業者テストは週末に実施される会場テストとなって、全県の9割の中学生が受験している。私立高校は個別相談会で、保護者・生徒の持参する業者テストの偏差値によって、単願ないし併願での合格を「確約」するという仕組みが定着したという。変わったのは中学校教員が、その過程から排除されたことだけである。生徒の進路について強力な力を行使していた教員にしてみれば、ストレスの溜まる環境である。

記事では、校内で実施できなくなった業者テストに代わって、地域ごとの中学校長会が作成する「公的テスト」が年3回程度の頻度で、校内で実施されるようになったという。学習内容の理解度を確認するテストであり、公立高校入試の模擬テストの性格も持つものである。中学校現場の不満を受けた教育委員会は、06年に文科省の了解を得たうえで、「公的テスト」の実施を公式に認めたが、同時に、その点数を高校側には提供しないように釘を刺していた。

しかし、公的テストを進学指導資料として使うことが禁止された現場の教員たちは不満を募らせた。15年には、中学校長らによる委員会が公的テスト結果から偏差値を算出することを提案した。これを受けた県教委は、「高校に提供しない」ことを条件として、偏差値の算出を認めた。しかし17年には、その数値を保護者・生徒に知らせることも検討され、県教委も認めざるを得なくなった。18年には、私立高校側は、校内で受ける公的テストの偏差値を業者テストのそれと同様に評価し、事前相談の場で非公式の合否を伝えるようになっているという。偏差値の完全な復活である。

この間に、埼玉県では通学区が廃止され、全県学区となっている。普通科の公立高校だけでも145校あり、私立は48校ある。中学生からすれば、受験先の選択はますます複雑化した。公立高校自体が巨大なピラミッド構造を形作り、受験生たちは高校のレベルの微細な差異を読みながら志願先を決定せざるを得なくなっていたのである。

おそらく、改革疲れなのであろう。偏差値追放の旗を振り、入試改革も積極的に行った埼玉県教育委員会は、公立高校の入試も12年度からは1回のみとし、推薦入試も全廃してしまった。そのうえ、偏差値の利用まで追認せざるを得なくなった。入学者選抜方法の変更の理由について、県教育委員会は、中学校側からの要望などを挙げている。文科省ともども、入試改革の理念のどこが間違っていたのか、またその変更によってもたらされた混乱について、何ら総括もせず、責任の所在も明らかにしていない。

日本ではマスメディアも国民も、試験実施時間の1、2分の間違いから、採点ミスはもちろん、入試場面の「公正さ」に対しては厳しいが、入試方法の変更に対して意見をいうことは、あまりない。とくに保護者にしてみれば、入試方法の変更は、手にしている整理番号(偏差値)の案内方法が変わることを意味し、自分たちに有利になる可能性もあると考えるからだろうか。

大学受験産業――コンピューターと偏差値と

大学受験にも少し遅れて偏差値が登場した。大学入試は都道府県単位の高校入試より、はるかに複雑だから、定着するまでには多少の時間が必要だった。60年代に大学進学者数が急増し、大都市圏を中心に大学数も増えていくと、予備校の役割が変化していくことになった。受験に向けた学習指導だけではなく、同時に、学力に応じた合格可能な大学を提示する受験情報産業の性格を強くしていったのである。

60年代から70年代前半にかけて、首都圏、中京圏、西日本の各地の大手予備校などの受験産業が相次いで、大規模な模擬テストを実施するようになる。同時に、大型コンピューターを導入して、試験結果に基づいた受験生個々人の偏差値を算出し、個々の大学についても、どの程度の偏差値の受験生が合格するか計算し、大学・学部の偏差値＝ランキングを発表するようになった。

全国の受験生を対象とした模擬テストとしては旺文社がもっとも歴史が古かった。旺文社は、東京外国語学校（現・東京外国語大）出身の赤尾好夫が旧制高校受験生向けに教材出版をした欧文社を前身とする。戦後の49年には『全国入試問題正解』を発刊するなど、新制大学の発足に合わせて受験情報を提供する出版社として再出発した。54年には全国規模での大学模試を開始し、62年には模試の結果をデータ処理して偏差値を算出するようになっている。しかし短大受験生も対象にしていたため、問題が易しい傾向にあるなどの事情もあり、60年代には各地で四大受験を前提とした予備校の模試が影響力を強めていった。70年代初めに各地の予備校が全国規模で模擬テストを実施するようになると、旺文社のシェアは次第に低下していった。

偏差値以前の時代の大学序列

大学受験に偏差値が普及すると、学部よりも大学名が決定的に重要になるが、その直前の段階の様子を確認しておこう。61ページの表は、61年に旺文社が模擬テスト結果から出した、経済・商学部の入学難易度表の一部である。数字は300点満点の素点である。当時の受験生の間では、受験先の選択において、大学名はもちろんだが、学部（専門）の選択が重要だと考えられていたことがわかる。とくにこの分野で特徴的なのは、どれほどの数の卒業生たちが、有力企業に就職して活躍しているかによって序列の順位が決まっていたことである。

例えば、小樽商科大や滋賀大経済学部が、旧帝大である九州大や北大よりも上位にあることが目を引く。小樽商科大は、同じ道内の旧帝大である北大の遥か上位に位置する。小樽商科大と滋賀大経済学部には、それぞれ緑丘会、陵水会という同窓会が組織され、OB・OGたちが後輩たちの就職活動に重要な役割を果たしてきた。とくに緑丘会は北海道の経済界で圧倒的な存在感を持ち、陵水会は滋賀県を発祥の地とする多くの企業のネットワークに乗った支部を持ち、活発な活動を続けてきた。

現在も、それぞれの大学・学生に対する支援、協力の一環として、大学と連携し、就職活動直前の学生を集めてOBによる就職相談会を実施するなどしており、卒業年次や地域が順送りで幹事を担当して継続している。その他、サークル、ゼミ、寮などの非公式な組

【表2-1】1961年大学(経済・商学部)難易度一覧(旺文社)

大学(学部)	合格者平均
東京大(文Ⅰ)	222
一橋大(経)	220
一橋大(商)	211
横浜国大(経)	197
京都大(経)	196
神戸大(経営)	195
名古屋大(経)	195
慶大(経)	191
神戸大(経済)	186
大阪大(経)	184
東北大(経)	179
小樽商科大	172
滋賀大(経)	171
長崎大(経)	170
九州大(経)	170
横浜市大(商)	169
慶大(商)	167
関西学院大(経)	166
早大(政経)	163
大阪市大(商)	163
神戸商科大(商経)(現・兵庫県立大学)	162
広島大(政経)	162
北大(文類)	161
大分大(経)	160
山口大(経)	160
東京都立大(法経)(現・首都大学東京)	159
大阪市大(経)	158
香川大(経)	158
富山大(経)	156
和歌山大(経)	153
福島大(経)	151
早大(商)	151
南山大(経)	149
上智大(経)	143
同志社大(経)	141
高崎経大(経)	135

出典:『螢雪時代』1961年8月号
第二付録

織も就職紹介に大きな役割を果たしている。なお、地方の最初の官立高等商業学校は山口高等商業学校と長崎高等商業学校であり、現在もそれぞれ山口大経済学部の同窓会鳳陽会と長崎大経済学部の同窓会瓊林会《けいりんかい》が健在である。

国公立大でも最近は大学に就職部が置かれているのが普通となっているが、大学によっては就職部の部屋の隣に同窓会事務局が置かれているなど、実質的には同窓会組織が就職に関する学生の相談に応じているケースも少なくない。逆に、とくに歴史の浅い私大の多くが、大学をあげて学生の就職支援に取り組んでいるのは、就職実績を前面に出さなければ、受験生にそっぽを向かれることをよく知っているからだ。

さて私立で旧帝大や一橋大などに伍して健闘しているのが慶應大である。戦前から金融、経済界に多くの人材を送り出し、三田会という同窓会組織のネットワークを国内外に広げている。三田会は地域や職種単位でも構成されており、経済学部が旧帝大と並ぶ位置にあり、同大学の他学部に対して圧倒的に上位にあるのは、三田会のなかでも実業界で優位であるためだろう。

神戸大の難易度が、経営、経済の順になっているのは、神戸大の母体が東京高等商業学校（現・一橋大）に次いで2番目に古く設置された官立神戸高等商業学校であり、192

9年には官立神戸商業大に昇格していたからで、新制大学移行時に、日本で最初の経営学部が設置されたことによる。また、横浜国立大が上位に位置しているのは、前身の横浜高等商業学校が、首都圏で2番目に設置された官立商業専門学校だったからである。

現在の神戸大では、経営学部の河合塾の偏差値が65・0、経済学部と法学部が62・5と、辛うじて経営学部優位の痕跡が残っているといえる。しかし、慶應大では、経済学部と商学部とはあまり変わらない偏差値となっていて、特徴や個性は失われている。高度経済成長以前、大学は私大も含めて、それぞれの歴史に裏付けられた個性を持った教育機関としての内実を持った存在だった。しかし、高度経済成長下の大学教育の大衆化によって、大学は教育機関としてよりは人材の選別機関としての性格を強め、大学の個性も消されていったのである。

高校と異なり大学は全国区とはいえ、それなりの地域性がある。大学を目指す受験生たちも、出身地から遠く離れた大学を選ぶのは少数派になる。予備校などの受験産業は、とくに初期のうちは、地域別に発展してきた。以下、地域別に見てみよう。

首都圏の動き――駿台予備学校・代ゼミ

60年代の東京では駿台高等予備校（現・駿台予備学校）と代々木ゼミナールが支配的であった。駿台予備学校は、明治大教授だった山崎寿治が1918年に東京神田に開設した東京高等受験講習会を前身とする都内では老舗の大学受験予備校である。そのため大学進学が大衆化した時代にも、比較的、入試難度の高い大学を目指す受験生向けの性格が強く、東大などの国公立受験に特化し、模擬テストの難度も高いことが特徴だった。65年に電算機室を開設し、日立の汎用コンピューターを導入している。その際、後継者の山崎春之は、「これで6浪7浪などの浪人生を説得できる」といったという。ここでも偏差値は、過熱した受験競争の冷却装置として利用された。

代々木ゼミナールは、多様なビジネスに従事していた高宮行男が57年に高宮学園を開校し、59年に「代々木ゼミナール」と改称してスタートした後発組であった。私大の多い首都圏では、入試科目や出題範囲なども多様であったから、初めから多様なコースを用意したのが特徴であった。小田実などの「名物講師」を前面に出しながら、急激に広がる受験競争の多様な需要を拾い、首都圏で事業を拡大していった。

ここでも、66年秋に大型コンピューターが導入され、受講生には模擬テスト結果から偏差値が算出されるようになった。受講生には、導入した日本電気のＮＥＡＣ－２２００が２億円の機器であることが紹介され、そこから出される偏差値が如何に強力なデータであるかが強調された。その後、代々木ゼミナールも70年代には、全国各地に進出していった。

中京圏の動き——河合塾

名古屋を拠点とする河合塾は、１９３３年に名古屋高等商業学校（現・名古屋大経済学部）教授だった河合逸治が、自宅に開設した河合英学塾にまで遡る。戦後も補習塾として再開したが、大学進学者の増加に応じて事業を拡大し、55年に学校法人化し、翌年以降、名古屋市内に教室を広げていった。その後、65年には自社の模擬テスト結果から大学入試難易ランキングを発表するようになり、さらに69年に富士通の大型コンピューターを導入し、翌年には「中部統一模試」として、中京圏の高校生を中心とした模擬テスト受験者の約６万８０００人のデータに基づく偏差値一覧を提供するようになった。

愛知県内だけでも60年代末までには、国公立大のほかに、私大も19校にまで増えていたから、学力増進とともに、大学の合格可能性を判定する教育産業の需要は高まっていた。

河合塾は72年には全国進学情報センターを開設し、全国統一模試を実施している。同年には、受験生向けの雑誌『栄冠めざして』を創刊し、主要企業の大学別採用状況、主要大学の学費一覧、入試科目、難易度までを、まとめて紹介するようになっている。さらに74年には、東京に進出している。

西日本の動き――進研模試（ベネッセ）

現在も「進研模試」で受験産業の一角を占めているベネッセコーポレーションの前身は岡山を拠点とする福武書店である。戦前、小学校教員だった福武哲彦は51年に岡山県内の中学校を対象とした教科別の教材作成・販売を中心に営業活動を始めている。その後、いったん倒産するが、生徒手帳の販売で立ち直った。軍隊経験から、兵士に暗記が義務付けられていた軍人勅諭が軍隊手帳に収録されていたのをヒントに、生徒心得や身分証明を一体化した生徒手帳を作成・販売して成功した。教材販売会社が「書店」の名前を使い続けたのも、そのことが理由だった。

55年には県内高校教員の協力を得て、高校受験の模擬テストを実施した。採点は旧制高等女学校の後身である名門高校の女子生徒に担当してもらった。その後、66年には「西日本合同考査」の名称の模擬テストを実施し、高校受験から大学受験へと進出した。67年には模擬テストの参加者数は20万を超えた。66年に集計処理を外部の電算処理代行業に依頼し、68年には社内に電算室を開設し、日立の大型コンピューターを導入する。ここも69年に東京進出を果たしている。その後はさらに西日本全体に市場を広げ、72年には「進研模試」として全国展開している。

大学の偏差値と企業の新卒採用

いずれの大都市圏でも予備校や教育情報企業が、模擬試験受験者の成績と志望校、実際の受験結果を分析し、各大学を難易度順に並べたランキングを作成するようになり、80年代には全国版が作成されるようになる。河合塾が大学入試難易ランキング表を作成し始めたのは65年に遡る。しかし、「大学ランキング」がマスメディアに頻繁に出てくるようになるのは、共通一次試験導入後の80年以降である。企業の新卒採用には大学の偏差値（ランキング）が利用されている、という文脈で使われるようになったのである。

旺文社の受験雑誌『螢雪時代』の編集長を長らく務めていた代田恭之は、言葉遊びが好きで、昭和一桁生まれの軍国少年だった代田にとって「マーチ」や「大東亜帝国」の語感は馴染んだものだった。代田が編み出したMARCH（明治・青山学院・立教・中央・法政）や日東駒専（日本・東洋・駒澤・専修）あるいは大東亜帝国（大東文化・亜細亜・帝京・国士舘）などの語が、人口に膾炙《かいしゃ》するようになったのは75年前後からである。受験生はワンランク上を目指して受験競争に励むようになる。

すべての大学が偏差値序列のなかに位置づけられるようになり、企業の新卒採用では、専門よりも大学名を基準にする傾向が強まった。高校生たちにとっては、学部選択で悩むよりは偏差値で示される入試難度の高い大学を目指す行動が合理的になった。とくに東京に本社を置く有力企業の大量一括採用が極まった70年代から80年代にかけては、企業の採用活動は、大学名による機械的なスクリーニングで採用すべき学生層を絞ることが一般化する。78年10月の『朝日新聞』では「就職協定いまや空文」の見出しで、大企業が違反して解禁前に八割の内定者を確保し、解禁直後には内定者の歓迎会を予定している企業も、と報じている。

共通一次試験と偏差値序列

79年に導入された共通一次試験は、国公立大の序列を際立たせることになり、受験生たちの偏差値依存の傾向をいっそう強めることになった。共通一次試験以前、国公立大は、旧帝国大などが中心となった一期校グループと、戦後に成立した新しい大学を中心とした二期校グループに分かれ、受験生は2回受験できたが、79年から受験機会が1回となったから、序列化の徹底は避けられなかった。

共通一次試験は、難問・奇問を避け、入試競争の過熱化を防ぐことを目的として導入され、高校側からの評価も概ね良好だったのだが、設計と準備にあたった関係者たちは、予備校などの受験産業のデータ処理能力を見くびっていた。共通一次試験前々年の77年秋に、共通一次試験を想定した旺文社模試には41万5000人が参加し、旺文社は短時間で採点、得点分布などのデータ処理を行っている。

本番では各予備校とも高校の協力を得て、受験者の自己採点結果を大量に集め、データ処理をして、各大学の合格ラインを算出し、試験から約10日後には各高校にデータ冊子を送り届けるという早業をやってのけた。河合塾は初年度79年には受験者の17%、84年には48%の自己採点を回収している。予備校の対応能力は関係者にとって予想外の動きであった。受験生の行動に、いくつかの重大な影響を与えることになった。

第一に、一次試験の成績に大きなウエイトを置いた地方国立大では、共通一次試験の自己採点と予備校のデータが揃った時点で、受験者には希望する大学の合格可能性が見えてしまったことである。そのため、センター試験が終わった時点で、地域の旧帝大などの有力大学に手が届かないと判断すると、地元国立大に志願先を変更する動きが目立つようになった。全体的に受験生は無難な選択をするようになったのである。

以前は二期校に比べて全国から志願者を集めていた一期校でも、地元占有率が大きく上昇した。三重大の26・2%、新潟大の24・3%など、多くの地方国立大が前年比で地元高校生の入学者が大幅に増え、学生集団の均質化が進んだ。その後、地方国立大に特色が無くなった、という評価が定着する原因のひとつとなったのである。

二期校であった小樽商科大の場合、センター試験以前は、北海道における名声から、一期校の試験で受験に失敗した高学力層を多く受け入れていた。しかし共通一次試験導入後、そのレベルの学生をほとんど失った。歴史的には、はるかに後発であった北海道大学経済学部よりも偏差値は下に位置づけられ、勢いを失う結果となった。

第二に、国公立大の受験機会が2回から1回になったことから、併願先に私大が選ばれることになり、私大の入試難度が大きく上昇したことである。団塊の世代の大学進学の時期が過ぎて、低迷気味だった私大にとっては、思わぬ浮力を与えられることになった。代ゼミの偏差値で見ると、共通一次導入前年には58〜63となっていた早稲田の政経学部は、導入年には64・6〜68・8に、明大の法学部は同じく、55〜57から61・2へ、慶應大の経済学部も58〜60から62・0へと、それぞれ難化した。とくに5教科7科目に備えて幅広く学習してきた、国立大学を第一希望とする受験生にとって、初めから3教科型で受験準備してくる受験生の多い私大入試では不利であった。

第三に、高校入試に続いて、大学入試にも偏差値がしっかりと根を張るようになったことである。本来、人を豊かにするための学びは、小学校から始まる画一的な内容の学習というトラック上で競争するものになった時、かえって、人の心を貧しいものにすることになった。83年の雑誌『言語生活』に掲載された、座談会の中央大職員のコメントはその姿を活写している。

「司法試験を受けたいというようなことで法学部を希望したんですけれども、この人たちの中には、ある程度の上昇志向みたいなのが強い人が一部にいるわけですね。（中略）そうすると大学に入った時に、中央大学という看板では満足できない。（中略）共通一次では良い成績だった。ほんとはもっと良いところへ入れたんだ、というようなところで、いつまでもぐずぐずしているわけですね。翌年になってもまた共通一次を受けて、また大学を受け直している。二年になっても三年になっても受け直すとか、あるいは、自分はほんとは医学部へ行ける能力があった。高校の先生も、きみは医学部へ入れると言った。だけど心配だから滑り止めに法学部を受けてここへ入って来たんだと。そして大学四年間を、ずっと医学部受験をし続けているというような人も現実にいるわけですよ。（中略）最後はただひたすらに共通一次の成績が良かったということにしがみついて（いる）。

ところで、最近、「Fランク大学」という言葉が、一部の世界で侮蔑語として流通している。河合塾の大学の難易度を判定する用語で、模擬テスト結果から合否予測の下限を示すことのできない、実質的に入試競争のない状態を示す。大学側の反発もあって、現在では、「ボーダーフリー（BF）」という表現に変えられているが、「Fランク」が、すっかり定着してしまっている。

学校教育のなかで、「上へ、上へ」と競争を煽られた挙句に、大部分の参加者は多かれ少なかれ、不満を持ちながら妥協していくしかない。そこには恨みの感情が宿る。河合塾に悪意はないはずだが、入試競争のない大学は入る意味もないし、大学が存在する理由もない、とする意識が広範に存在しているため、「Fランク」のような語が、差別的な言葉として流通することになった。

ある地方私大の学長が、県内の高校の進路担当教員の研修会に呼ばれ、「偏差値ばかりで生徒を指導しないで、もっと大学のことを知ってほしい」と、苦言を呈した。会場にいた教員の一人が、戸惑った様子で、「そういわれても、我々には偏差値しか頼るものがないのです」と反論した。共通一次試験を受けて進学した学生たちが、間もなく60歳になる。学校現場の教員のほとんどが共通一次世代以降だ、ということである。

これは、バブル崩壊前の首都圏のある高校での話である。進路指導のベテランを称する進路指導主事が、学年集会に集められた生徒を前に講話をした。偏差値上位の大学に入学することが、就職、結婚や家庭生活など、どれほど幸せな人生を保証するか、卒業生の例を挙げながら、熱弁を振るった。話が終わり、最後に、担任教員たちに向かって「これで、生徒たちには火を付けました。あとの指導はよろしく」といったという。

いずれにせよ、大学入試に向かって、予備校の示す偏差値を頼りに学習に励んだ受験生たちが、自分が妥協できるレベルの大学進学を果たした時点で、学習の動機を失うのは当然でもあった。86年版『現代用語の基礎知識』の「レジャーランド」の二番目の説明として、経団連役員の「『レジャーランド化』している大学人文系学部の質的向上を主張」の『日経新聞』記事を引いて、「遊び学生が遊んで過ごす今日の大学」という説明が加えられた。70年代後半から80年代にかけて、大卒時の就職は入学段階で証明された学力によってほぼ決まると、学生たちが考えるようになったのは、当然のことだった。学生生活ではサークル活動やアルバイトを通じて社会性を養えば良い、と考える風潮が強まったのである。

企業偏差値の登場と退場

高校入試で全国のほぼすべての子どもに偏差値が付与され、大学に進もうとすれば、改めて偏差値がついてくる。学校歴の取りあえずの終着地点である就職においても、「官庁や企業の偏差値」を求める動きが出てくるのは自然な流れだっただろう。就職先企業に偏差値を付ける試みが、出版というかたちで実現した。90年に『就職偏差値10000社―新4年生アンケートによる「就職難易度・企業好感度」全調査』が出されている。まさにバブルの絶頂期であった。しかし翌年、日本経済は暗転する。

就職氷河期に入った96年版（95年出版）の前書きのなかで、「企業側の変化にもかかわらず学生諸君の企業の選び方はバブル時代から進歩していないのではないでしょうか」と、警鐘を鳴らし、「目標を高く持つことはけし《ママ》て悪いことではありませんが、昨今のように厳しい就職戦線においては、少しでも効率的な企業選びをすることが最終的に自分の力を発揮できる自分にあった企業への就職を可能にすることでしょう」と、就職希望の学生たちを戒めている。意欲の冷却という、偏差値のもっとも重要な機能を強調したわけである。しかし、バブル経済崩壊による経済不安のなか、「偏差値の高い」企業までも、経営不安が囁かれるようになっては、企業偏差値一覧は、ブラック・ジョークに近くなる。同書は96年版を最後に終わっている。

　バブル経済崩壊は就職氷河期をもたらした。義務教育の段階から少しでも高い偏差値＝より小さな数字の整理券＝を得る努力をしたものが、最終的に偏差値の高い企業に就職する、という予定調和は崩れ去った。企業は一斉に新卒採用を縮小し、大量の若年失業者と非正規雇用を生み出した。就職協定は97年に廃止され、その後、就職・採用の開始時期は、倫理規定として設定されたものの、たびたび変更され、守られることのないルールとなっていた。大卒がエリートだった時代に作られ、大量採用の時代に修正しながら続けられてきたルールを、これ以上維持するのが無意味なことは、誰の目にも明らかだった。

企業の一括採用はまだしばらくは残るだろうが、終身雇用は、ほとんど期待できないものになっている。企業にしてみれば、有能さを見込める労働力を、網をかけるように一定のボリュームで採用し、企業の都合に合わせて篩《ふるい》に掛けていく仕組みとしては、まだ一括採用は有効である。しかし、採用される側としてみれば、企業側の都合によっては、いつでも整理される不安定で生活保障が危うい仕組みである。

高校以下の学校教育は、この何年もの間、個性尊重、新しい学力観、アクティブラーニング等など、改革のさまざまな掛け声にもかかわらず、基本は変わっていない。大学の微細な偏差値序列を頼りに進学先を探す受験生の姿も、それを指導する高校教員の姿も、雇用環境が激変しているにもかかわらず、あまり変化していない。しかし戦後、形成してきた仕組みに耐用年数が過ぎていることは明らかだ。新しい仕組みを作り出すことが求められている。

第三章

バブル崩壊後に浮かぶ大学・沈む大学

浮かぶ大学・沈む大学

91年のバブル経済の崩壊は、戦後の長い歴史のなかで形成されてきた学校教育と企業との関係を大きく揺るがした。とくに高卒者の採用は壊滅的で、フリーターと呼ばれる不安定雇用が拡大した。フリーターが大量に送り出される高校では、卒業する意味を実感できない生徒が増え、中退率も大きく上昇するようになった。大卒者の失業や非正規雇用の拡大は、大学の評価も危うくするものだった。また91年をピークとして18歳人口は減少に向かうことが確実だったから、大学は困難な時代に突入するはずだった。

しかし、86年から92年までの7年間は、私学関係者が現在でも「ゴールデンセブン」と懐かしむように呼ぶ、受験競争の過熱した時期であった。団塊ジュニアと呼ばれる200万人を超える18歳人口を迎え、大学、とくに私大にとっては、空前のバブル時代であった。毎年二十数万人の浪人生が発生し、大都市圏の大学はもちろん、地方の小規模私大にまで受験生がひしめいた。91年には四大だけで52万人余り、短大もふくめると77万人あまりが進学した。浪人生などの積み残しもあり、その後も進学者数は増え続け、四大と短大を併せた進学者数は、93年の約81万人がピークとなった。

【図3-1】男女別大学・短大進学者数

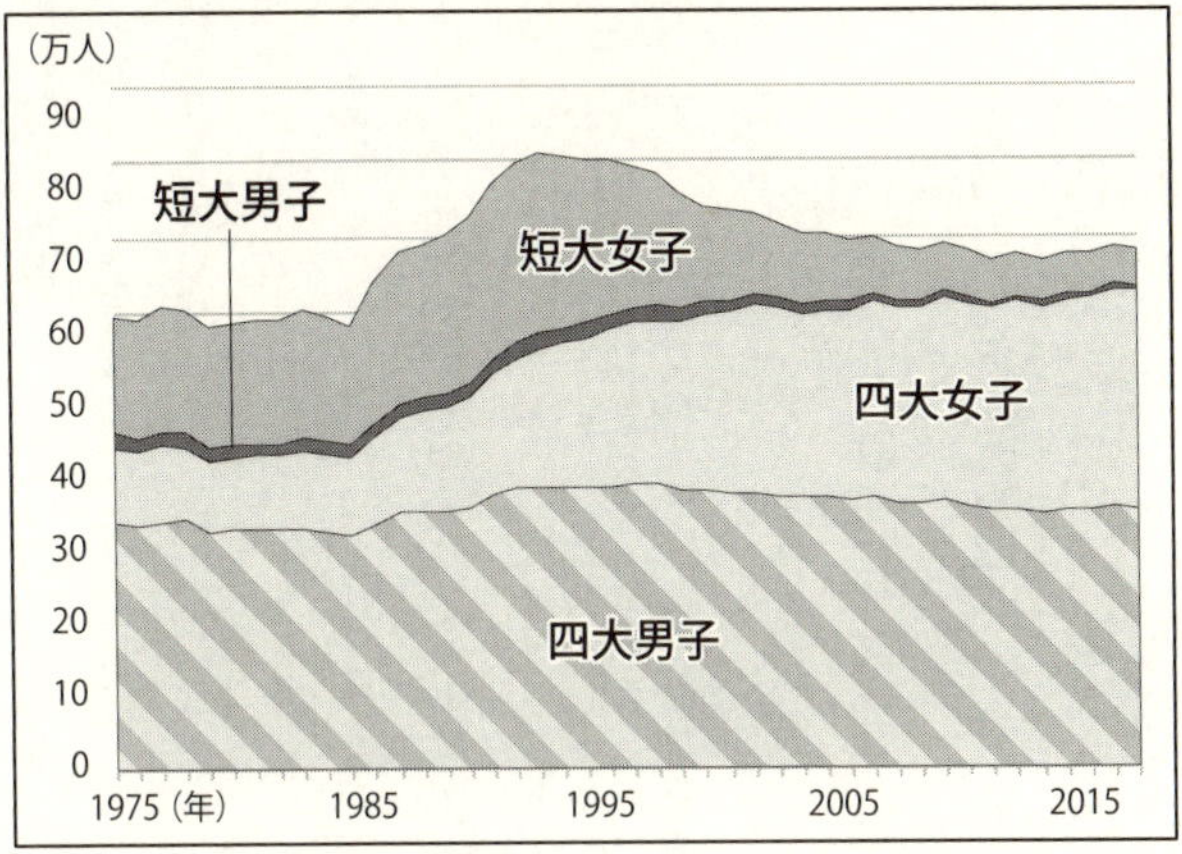

出典:文部科学省『学校基本調査』

しかし、四大について見れば、その後も進学者数は増え続け、17年の約63万人まで91年から10万人以上の増加を見た(図3-1参照)。その意味では、大学はいまだにバブルが崩壊していないともいえる。それにもかかわらず、00年頃より定員割れ四大が急増した。また地域や学部系統による不人気傾向も明らかになった。ゴールデンセブン後の、大学の浮き沈みの実態とその背景を考えてみよう。

女子の四大志向

女子の短大から四大への鞍替えのスピードは、目覚ましいものがあった。男子の四大進学者は、97年の約37万4000人をピークに減少に転じ、18年の約34万人まで、3万4000人近く減少している。同じ期間に、女子の四大進学者は16万人から29万人近くまで、大きく増加したのである。その相当部分が短大進学者の減少分に見合うものだった。

18歳人口がピークだった91年の女子の大学進学の内訳は、四大37%、短大63%だったが、96年に逆転し、17年には四大83%、短大17%へと、完全に四大進学が主流となった。絶対数でも四大進学者が約13万人から約25万人へとほぼ倍増し、短大進学者は約22万人から約5万人へと大きく減少した。17年には、女子の四大進学率は47・8%に達しており、男子の51・1%に近づいている。18歳人口の減少が続くなかで、女子の四大進学者数は増え続けた。バブル崩壊後の大学の変化を理解するには、この女子の進学動向に着目する必要がある。女子学生をどれだけ獲得したかが、浮上するか沈下するかを分ける、最大のポイントになったのである。

女子にもっとも敬遠された四大——短大からの改組

定員割れの大学が急に目立ち始めたのは90年代末であった。その後、急激に増え05年には160校に達した。これにはある特殊な事情があった。定員割れ大学の増加は、大学が全体的に沈んだというよりは、浸水が始まって沈みかかった状態の短大が、激しい生き残り競争を繰り広げていた四大の市場に迷い込んできたことが原因だった。90年前後から、女子の四大志向に危機感を抱いた短大経営者たちが、定員割れしつつあった短大を四大に改組する動きが相次いだ。拙著『消えゆく限界大学』で詳しく分析したところである。短大経営者の多くは、女子の動きを四大志向としか捉えず、短大時代の人文系や家政系の学部・学科構成のままに四大化した。

しかし、女子はただ短大より四大を選んだのではなかった。従来の短大教育を敬遠し、男子と対等に社会進出するために必要な知識や技術を学べる四大を選んだのである。短大時代の学科構成のまま四大化した大学は、荒波に飲み込まれるように、さらに沈んでいくことになった。より早い時期に短大から四大化した大学でも、古い女子教育から足を踏み出せないでいた大学も沈んでいかざるをえなかった。

典型例が、すでに閉校した東京女学館大である。本体の中高は、戦前の女子学習院などと並ぶ女子エリート教育の歴史を持つブランド校である。校舎は東京の高級住宅地にある。ところが短大を都下の町田市に移し、さらに四大化した。定員100名余りの国際教養学部のみの小規模大学であった。語学教育と一般教養を中心とした、古い女子教育の延長線上のような、目標の定まらない教育内容であった。当初から学生募集に躓き、15年ほどで募集停止に追い込まれた。

関西圏では女子教育の長い歴史を持つ帝塚山学院大が苦しんでいる。18年度の定員充足率は72・5％と低迷している。同校は、66年に四大を開設している。98年には、創立の地である住吉神社に近いキャンパスに高校以下のグループの本部と学校を残して、大阪府南部の郊外に大学キャンパスを移した。99年に短大を全面的に廃止し、03年以降は順次共学化し、文学部をリベラルアーツ学部へ、人間文化学部を人間科学部へなど、学部・学科の改組も目まぐるしいが、学生募集の困難な状況には改善がみられない。女子の進学動向を読み誤った大学は、それなりに古い歴史を持っていても学生募集に行き詰まっている。

女子の学歴

ここで近代以降の教育の普及・拡大のなかの男女差を確認しておこう。明治時代に整えられた学校教育には、ジェンダー差別が制度的に組み込まれていたが、教育の普及のタイムラグにも注意する必要がある。一般に国民皆学は明治40年頃に実現したとされているが、すべての女子児童が学校に通うようになったのは大正期後半のことだった。男子に10年ほど遅れた。農村では、男子の大半が学校に通うようになった後もしばらくは、女子の教育は敬遠されたのである。

女子の皆学化と並行して、高等女学校の開設が各地で進んだ。当時の政府は中等教育の拡大に抑制的だったから、その多くが市町村立や私立のかたちで開設された。産業の発展とともに中等教育以上の学歴を持つ給与生活者が増加し、彼らの結婚相手に相応しい学歴として女子の中等教育の需要が急増したことが背景にあった。この時代、天候や米価の変動に大きく左右される農家に比べて、官庁や企業に勤務し、毎月、定まった給与を受け取る男性は、結婚相手として好ましい存在だったことを理解する必要がある。

戦後、これらの女学校の多くは新制高校になったが、70年代半ばに高校進学率が90%を超えると、高卒の優位性が失われた。女子校を経営する学校法人が短大の開設に動いたのは、この時期である。女子にとって短大卒は、高卒者との差異を得るための適当な学歴となった。その多くは国文や英文などの教養教育と家政学という、戦前の高等女学校と共通する教育内容であった。高度経済成長によって、大卒の会社員の夫と専業主婦の組み合わせが標準的なものと意識され、女子の好ましい学歴として拡大したのである。

しかし欧米先進国では80年代、専業主婦は、すでに死語になりつつあった。日本でも85

年には男女雇用機会均等法が制定され、採用において女子を差別的に扱うことが禁止された。しかし法令が制定される以前に、社会の底流に、女子の社会進出の強い流れは生まれていた。それをよく表していたのが、83年に大ヒットした連続テレビドラマＴＢＳ系列の『金曜日の妻たちへ』だったと思われる。

主人公は東京郊外の新興住宅地に住む、３組の中流家庭の夫婦である。夫は40歳前後の会社員や公務員、妻のうち２人は34歳で短大の同級生という設定である。当時34歳であれば、１９４９年生まれの団塊の世代で、彼女たちの世代の大学進学率は短大を含めて20％程度、四大進学者はそのうちの３分の１程度に過ぎなかった。彼女たちは、中の上の家庭環境で育ったことになる。

女性主人公のうちの２人は子育ての最中だが、女性たちは、夫とともに家族同士で趣味やスキー旅行を楽しむなど、新しい夫婦像を示していく。その後、不倫問題から、１組の夫婦は離婚に至るが、夫に別れを告げた妻は、新しい人生を始めるためフランスに向かうという展開をしていく。ドラマを熱心に見ていた同世代の母親たちは、女子も男子と同等の教育を受けて社会に出て、家庭においても男女は対等な関係であるべきだし、いざとなったら独りで生きていかねばならない、というメッセージを受け取った。

浮かぶ大学——女子受験生の獲得戦略

私大がゴールデンセブンで活況に沸いていた最中にも、18歳人口の減少期に生き残るためには何が必要か、真剣に考えていた大学関係者はいた。武蔵工業大（現・東京都市大）は、92年に「テクノレディ」をキャッチコピーとして、女子学生募集に乗り出した。女子の進学校を推薦入試の指定校として選び、工具を持つ女子学生をあしらったパンフレットを持って、重点的に訪問するなど、積極的な女子学生の獲得運動を展開した。現在も、同大工学部の女子比率は16％と、女子学生の姿が目立っている。武蔵工業大の募集作戦は相当な効果を上げ、その後、多くの工学系大学がその手法を後追いした。

男子と異なり女子にとっては、定番の職業キャリアがあるわけではなく、また開かれている職業キャリアは見えにくい。彼女たちの間では、些細なことが切っ掛けとなって、新しい職業分野に挑戦する動きが出てくることがある。例えば、08年に『ハッピーフライト』という航空会社を舞台とした映画が制作された。それまで航空会社を舞台としたドラマでは、客室乗務員の仕事を中心に、スポーツ根性的に描くものや、恋愛ものが定番だった。しかしこの映画では、整備工場も含めた、航空機の運行を陰で支える部門の場面が大

【図3-2】1989年度学部系統別女子進学先

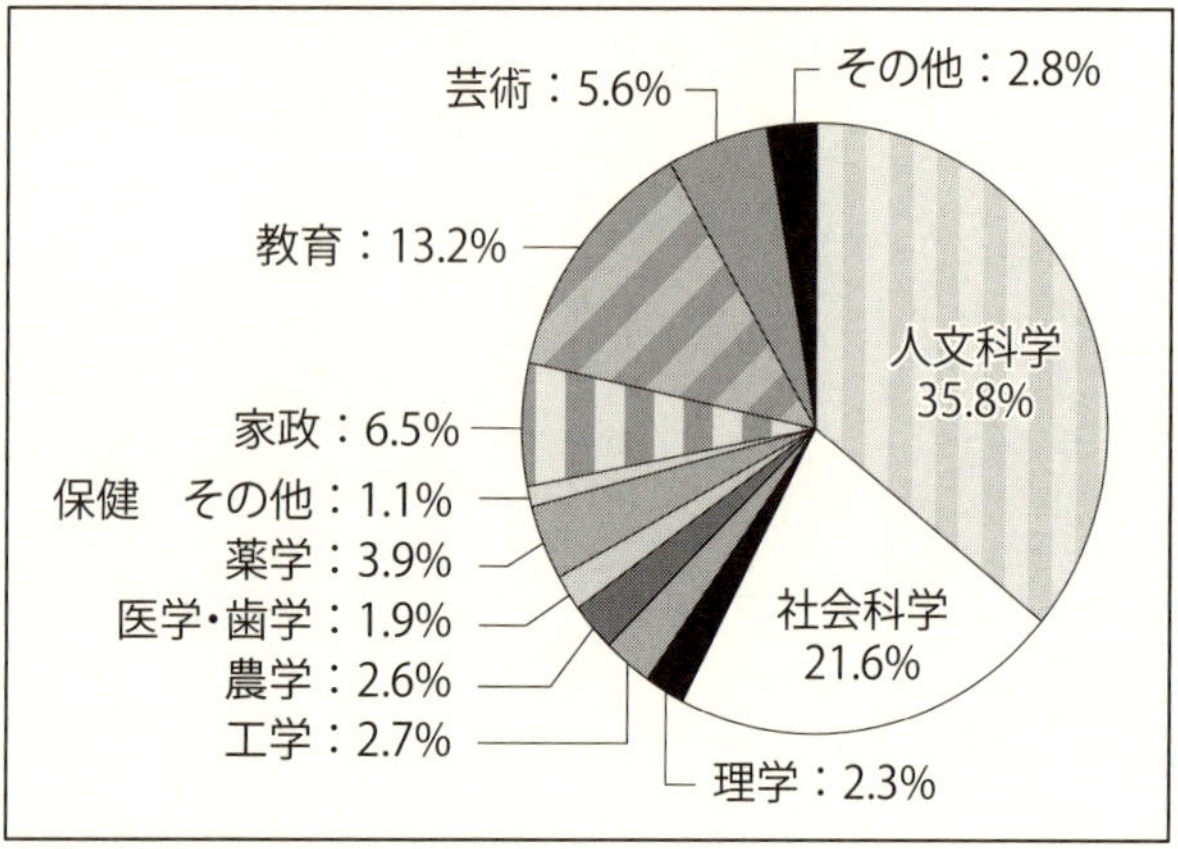

出典：文部科学省『学校基本調査』

きな比重を占めた。この前後から、大学工学部や専門学校の航空整備士などの航空機関係のコースに、女子入学者が目立ち始め、どの大学・学校にも女子学生の姿が見られるようになっている。

図は、四年制大学に入学した女子の学部別進学先である。文学などの人文が大きく割合を下げ、社会科学系が増え、工学系も2・7%から4・9%へと大きく増えている。工学系分野の女子学生比率は、86年に2・6%に過ぎなかったが、17年には14・5%にまで上昇している。この間に女子の四大進学者数は2倍以上も増えているから、実数においてはさらに大きな違いとなっている。

また社会科学系の学部を選ぶ女子も増加

【図3-3】2018年度学部系統別女子進学先

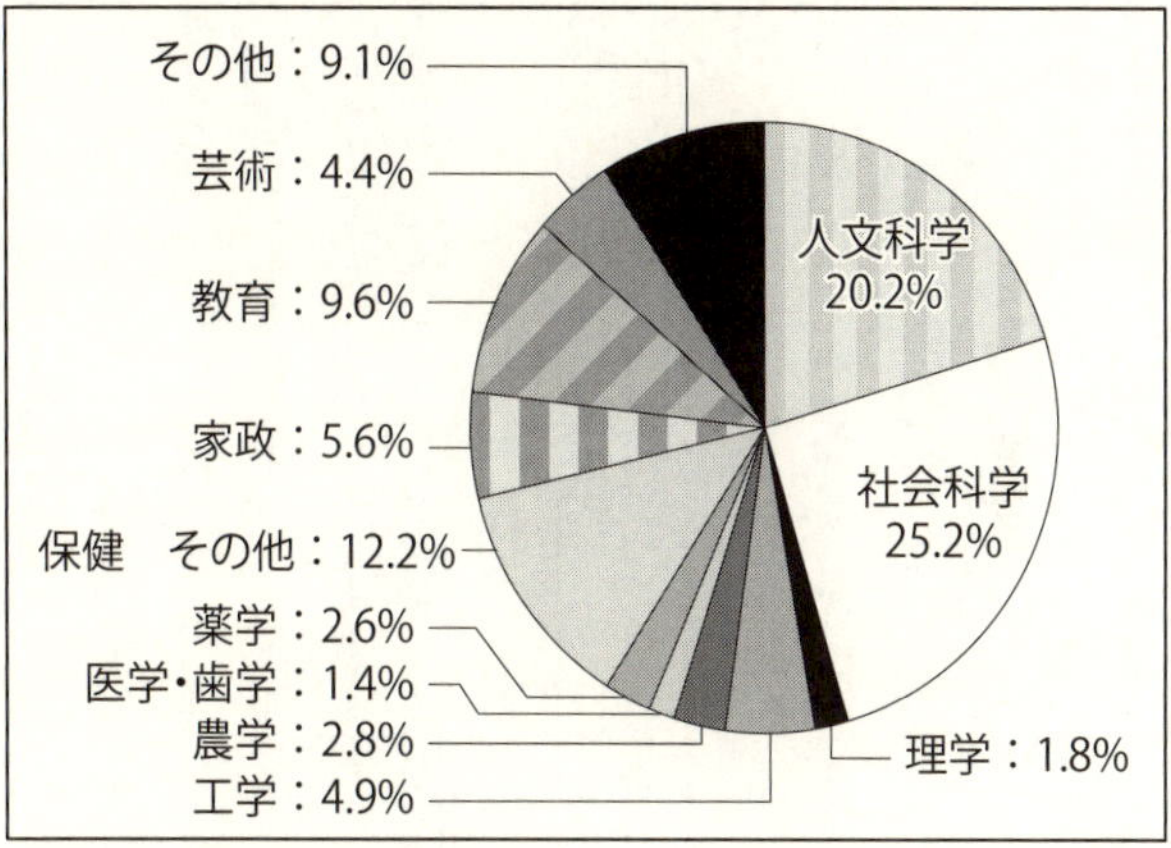

出典：文部科学省『学校基本調査』

し、法学や経済学の学部を持つ多くの総合大学も、さまざまな方法で女子学生の確保に動いた。男子大の印象の強い国士舘大も、大学のパンフレットに女子学生を多く使うなどの工夫をし、全学に占める女子学生の比率は現在では24％程度にまで増えている。多くの大学に女子学生の姿が増え、食堂やトイレなどのアメニティ施設を改装するなど、女子受験生へのアピールに努力する大学が増えた。

関西圏では佛教大が、その名称から僧侶養成大学と理解され、女子学生の募集にマイナスになっていた。現在では、仏教学部のほか、文学部、歴史学部、教育学部、社会学部、社会福祉学部、保健医療技術学部の7学部からなる、入学定員1405人の文系総合大学である。

古いイメージを打破すべく、92年に大学のポスターなどに、舞妓の大きな写真を使い、話題を集めた。そのキャッチコピーは「仏教の大学だと、思っていました」であった。同大の18年現在の男女比率は、男子が約54%と若干多いが、12年には、看護学科が開設されたこともあり、女子の比率は大きく伸びた。受験生の動きに敏感だった大学は、すでに90年代前半の段階で、女子受験生の変化に気付いて動き始めていたのである。

浮かぶ女子大・沈む女子大

女子大はもともと小規模であったが、多くの女子大が80年代後半から定員を拡大するとともに、女子受験生の新しい志向に対応するべく学部・学科の再編を行ってきた。日本女子大は90年に人間社会学部、92年に理学部を開設し、入学定員は1000人から1500人に増やした。中京圏でも椙山女学園大と金城学院大が、それぞれ情報や薬学などの新設学部を開設して定員を3倍近くに拡大した。

女子大が社会科学系の学部を開設するうえで刺激になったのが、現代社会学部という、実践性を重んじた学際的なカリキュラムを特徴とするものだった。98年に武蔵野女子大

（現・武蔵野大）、00年には京都女子大と同志社女子大が同名の学部を開設し、03年には昭和女子大が人間社会学部を開設するなど、従来の学問分野に縛られない柔軟なカリキュラムが、女子受験生の支持を集めている。女子学生の学部選好は、この30年ほどの間に大きく変化し、女子の獲得に成功した大学が、生き残り競争のなかで浮かんだのである。

女子大には偏差値を落としている大学が多く、学部・学科再編の動きが遅かった大学ほど落とす傾向が強い。団塊ジュニア世代の受験でいずれの大学も難化した時期の92年、女子大の最難関は津田塾大学芸学部でベネッセの偏差値が74、次いで東京女子大文理学部（現・現代教養学部）が70と、早慶に並ぶ難度であった。しかし17年には、それぞれ65、64と、大幅に易化し、いわゆるＭＡＲＣＨと同列の地位にまで下がっている。白百合女子大文学部も同時期に63から55へ、また横浜のフェリス女学院大文学部も64から56へと、それぞれ大きく下げている。

津田塾大は17年に都心部に総合政策学部を開設した。創立以来の新設学部となる。東京女子大は09年に、文理学部と現代文化学部を統合して現代教養学部に一本化しているが、現代文化学部は88年に短期大学部を改組して開設したものであったから、もともと女子受験生からの評価は高くなかったのだろう。文学部のみの単科大学であった白百合女子大でも、16年に人間総合学部を新設している。一方で日本女子大は、90年代に神奈川県川崎市に新キャンパスを開設し、新学部を開設するなどの改革が評価され、難易度にあまり変動がない。女子の学部選好の変化を見れば、多くの名門女子大の人気が低迷している理由は明らかだ。

大都市圏で浮かぶ大学・沈む大学

三大都市圏、北九州都市圏および政令指定都市のうち、新潟市・岡山市・熊本市などの2000年代以降に昇格したものを除けば、それぞれ少なくとも10以上の私大が存在し、大学間では学部・学科も重複して競合関係にある。そこには偏差値的な序列が容易に形成される。例えば人口120万の広島市を中心に広島県には、私大だけでも16校あり、うち2校は女子大である。経済や商学の学部をもつ大学は複数あり、小学校教員養成課程をもつ大学も市内だけで7校もある。看護学部は5校にあり、その他、看護学科が1つあり、偏差値は50から35まで序列化している。

人口109万人の仙台市でも通学可能な範囲の私大を含めれば10校がある。その内の2校は女子大である。歴史の古い東北学院大を頂点とする偏差値序列があり、市内では、東北生活文化大、仙台白百合女子大、東北文化学園大の3校が定員割れ状態である。

ましてや首都圏のように私大だけで、早慶を頂点として200校以上がひしめく状態にあれば、受験生は自分の学力レベルと通学の便などを勘案しながら微細な偏差値序列を確認しながら選択することになる。これらの大都市圏では大学の偏差値的序列は容易に崩れないから、進学者の絶対的な減少が進むなか、下位の大学から退場を余儀なくされることになる。すでに定員割れしている大学は、社会的要請を受け止め、学部・学科の改編だけではなく、大学自体の体質を変えていかない限り、少子化のなかで役割を終えていくしかない。

【表3-1】主要大都市圏 私大定員割れ状況

都道府県	定員割れ校数	全私大数	比率
北海道	12	25	48.0%
宮城県	5	11	45.5%
埼玉県	9	26	34.6%
千葉県	7	37	18.9%
東京都	14	130	10.8%
神奈川県	6	24	25.0%
岐阜県	3	7	42.9%
愛知県	16	43	37.2%
京都府	7	27	25.9%
大阪府	11	51	21.6%
兵庫県	10	32	31.3%
広島県	7	16	50.0%
福岡県	6	31	19.4%
全体	116	463	25.1%

出典：『螢雪時代』大学の真の実力

大都市圏について以下に、地域別に詳しく見てみよう。上表は、大都市圏を含む都道府県について、『螢雪時代』の特別号『2019

年度用　大学の真の実力』に紹介された各大学のデータに基づいて作成した。なお「定員割れ」は、収容定員の9割以下とした。

首都圏

首都圏の私大では、東京の定員割れは130校中14校（10・8％）に留まっているが、埼玉県26校中9校（34・6％）、千葉県37校中7校（18・9％）、神奈川県24校中6校（25・0％）と、周辺部の私大の苦戦が目立つ。

定員未充足校の多い埼玉県を見てみよう。9校は以下のとおりである。（　）内は、充足率である。浦和大（60・4％）、埼玉学園大（71・7％）、武蔵野学院大（73・3％）、聖学院大（82・1％）、人間総合科学大（84・1％）、十文字学園女子大（84・8％）、日本保健医療大（87・5％）、西武文理大（88・7％）、日本薬科大（90・0％）。これらのうち、浦和大、埼玉学園大、武蔵野学院大、聖学院大、十文字学園女子大、西武文理大の6校は、短大からの改組である。いずれも施設・設備面でも、とくに女子受験生を集めるには力不足であることは否めない。

浦和大は保育と福祉、埼玉学園大も保育と経営、十文字学園女子大も幼児教育、福祉あるいは栄養と、いずれも女子向けの学部・学科構成であり、女子の社会志向の強まりとともに志願者が減少していく分野である。聖学院大も児童と福祉は大幅に定員未充足となっているうえ、政治経済は留学生の比率が極端に高く、学生募集の不安定さが際立つ。

埼玉県には国立大を除いて古い伝統を持つ大学はないが、60年代に相次いで私大が開設されている。61年開学の女子栄養大、64年開学の獨協大は、それぞれ専門学校などの母体が充実した教育、研究活動の実績を持っていたことから、開学当初から学力レベルも学習意欲も高い学生を確保し続けてきた。しかし、65年に国際商科大として開学した東京国際大は、全学部の現在の偏差値は河合塾で35～40で、今後、競争の激しい首都圏では苦戦することが予想される。66年に開学した文教大は、小学校教員の養成で実績を上げて成長してきた。しかし、現在、多くの学部の偏差値は45前後で推移している。地方から首都圏の大学を目指す受験生の選択肢になるほどの魅力はないだろう。

千葉県では、以下のとおりである。愛国学園大（62・5％）、川村学園女子大（65・7％）、聖徳大（66・7％）、開智国際大（70・2％）、千葉科学大（71・0％）、明海大（81・6％）、城西国際大（87・3％）の7校である。愛国学園大から千葉科学大まではすべて偏差値は35となっている。

愛国学園大は、人間文化学部のみの入学定員100人である。数年前には定員充足率が2割、3割だった。ウェブサイトの作りも非常に貧弱で、大学として維持していく意思があるのかも怪しく感じられる状態である。同じ法人グループが都内に短大と中高および専門学校を設置しているから、法人にとって大学は一貫教育の体裁を作るための飾りもの程度の扱いなのかもしれない。

川村学園女子大は、88年に千葉県我孫子市に開設しているが、前身となった短大はかつて東京目白にあり、中高は今でも同地にある。文学部のみの小規模大学でスタートしたという点でも、東京女学館大と似たような設置経過であり、今後も学生募集は厳しい。

聖徳大は、児童学部を中心に入学定員1000人を超える女子大である。児童学部の入学定員が600人と、明らかに過大であり、すべての学部で定員未充足である。法人は中学・高校を複数経営し、幼稚園だけで7校を経営している。児童学部は幼稚園経営と一体となっているために規模の縮小もできず、幼稚園の統廃合が行われるまでは、大学の学部・学科の再編には動けないのかもしれない。

開智国際大の前身は、都内にある日本橋女学館中学・高校を経営する学校法人が87年に千葉県柏市の現在地に短大を開設し、00年に四大に改組し、日本橋学館大として設置されたものだ。四大化した際、秘書科と英語科の短大から人文経営学部へと改組されたことからわかるように、短大の焼き直しの内容で学生集めに苦戦した。その後、15年に日本橋女学館中高ともども、埼玉県さいたま市に本部を置く学校法人開智学園に吸収されることになり、名称も変わった。経営が変わったことで、立て直しが見られるのか、注目されるところである。

千葉科学大は岡山に本拠を置く加計学園グループの大学である。04年に千葉県銚子市に危機管理学部と薬学部の二学部体制で設置されたが、開設前から市民グループから、市の助成金をめぐって訴訟が提訴されるなど、政治的に波乱含みでスタートしている。銚子市の人口は17年時点で約6万2000人である。

国土交通省の調査によれば、17万5000人以上の都市の8割に大学があり、12万5000人になると半数に留まる。一般に大学が成立する都市として、人口10万人が最低の目安とされている。年齢別人口に大きな偏りがなければ、10万人都市では18歳人口が1200人程度として、進学率5割ならば600人の大学進学者が期待できる。その内の6割を地元の大学で受け入れ、周辺地域の進学者も含めて、入学定員500～600人の大学が成立する計算である。

しかし、千葉科学大は、その後に増設された看護学部を含めて入学定員535人の体制となっている。大学開設時、すでに人口8万人を割り、さらに急激に減少しつつあった銚子市が、市民一人あたり10万円以上となる助成金を支出して大学を招致したことが適当であったかどうか。その後も、繰り返し市長選挙の争点になるなど政治問題となっている。

首都圏で浮かぶ大学の代表例は武蔵野大である。もともと文学部のみの四大と家政系と幼児教育系の短大を運営していた旧いタイプの女子教育学校であった。18歳人口が減少していくなかでの生き残り戦略は徹底したものだった。98年には学際型の現代社会学部を開設し、女子受験生の人気を集め、さらにこれを踏み台として03年には大学名称から「女子」を削除して翌年、共学化した。06年にはすべての短大を廃止し、その後、四大の学部を増設し、工学部まで持つ入学定員2000人を超える総合大学に生まれ変わっている。

北海道地方（札幌大都市圏）

札幌市の人口は195万人、小樽市、千歳市、北広島市など札幌近郊の市部を含めれば、優に200万人を超える大都市圏である。通学可能範囲には、国立大3校、公立大が2校、私大が19校ある。看護のみの大学と酪農の特殊専門分野を除いても私大の十数校の間では、学部も重複して偏差値的な序列が形成されている。札幌圏の定員充足率9割以下の私大は以下のとおり。（ ）内は充足率。

札幌国際大（65・0％）、札幌大谷大（71・4％）、札幌学院大（73・8％）、札幌大（75・0％）、星槎道都大（76・8％）、北海道情報大（84・3％）、札幌保健医療大（88・0％）、千歳科学技術大（88・9％）。入学定員約1800人で工学部も持つ北海学園大と入学定員約800人で3学部体制の北星学園大が上位大学としての地位にあり、その他、06年に北見市から札幌に移転した北海商科大を除いて、ほとんどの私大で定員割れの状況が続いている。

なお道内の女子大は藤女子大のみであり、長らくお嬢様学校としての地位を保ってきた。しかし、文学と家政系の2学部構成の典型的な女子大で、学部・学科の再編もほとんどない。企業への就職を考える受験生の間では、北海道武蔵女子短大が競争相手になっている可能性もあり、女子大離れのなかで次第に志願者を減らしている。効果的な学部再編などに踏み切らなければ、今後は難しい状況に立たされるだろう。

なお、北海道第二の都市である旭川市は約34万の人口があるが、私大は68年開設の旭川大のみである。旭川大は経済と保健福祉の2学部、入学定員200人の小規模にもかかわらず、08年設置の保健看護学科を除いて定員未充足である。都市の規模からすれば、定員を充足していてもいいはずだが、大学の努力不足は否めない。しかし、経営する学校法人は数年前から市に対して公立化の要請をしており、その動きについては、全国からも注目されている。

中京圏（愛知県）

60年の愛知県には、国立3校、公立2校、私立11校の大学があった。18年には、国立4校、公立3校、私立43校になっている。基本的に開設年の古い私大は安定的に学生を確保しているが、以下の諸大学が定員90％以下の未充足である。（　）内は充足率。偏差値序列下位の大学から定員割れが始まる。

愛知学泉大（60・6％）、名古屋産業大（64・0％）、名古屋音楽大（67・6％）、愛知工科大（71・5％）、愛知文教大（72・6％）、星城大（73・6％）、名古屋芸術大（75・9％）、岡崎女子大（77・8％）、名古屋造形大（79・5％）、名古屋商科大（85・6％）、修文大（86・1％）、名古屋女子大（87・2％）、名古屋経済大（88・5％）、愛知みずほ大（88・9％）、愛知産業大（89・7％）、豊橋創造大（89・9％）の16校である。

このうち、短大を母体としているのは、名古屋産業大、名古屋音楽大、愛知工科大、愛知文教大、星城大、岡崎女子大、名古屋造形大、修文大、名古屋女子大、愛知みずほ大の10校と半数以上を占める。91年の大学設置基準改定による規制緩和後の大学への転換は校舎や校地についての規制も緩められており、短大時代から大きく変わることなく四大に転換しているので、一般に施設・設備が見劣りする。受験生を十分に惹きつけられないまま低迷し、定員を満たせない状態が続いている。とくに愛知学泉大は家政、岡崎女子大は幼児・児童教育、名古屋女子大が家政と文学など、女子志願者が減少している分野で、これからも厳しい。

一方で女子短大を母体とし、開設が新しいにもかかわらず、安定した学生募集を続けている大学もある。名古屋学芸大である。02年に管理栄養学部とメディア造形学部2学部4学科で開設され、05年にヒューマンケア学部を増設し、さらに18年には看護学部を新設している。18年度、すべての学部・学科で定員を充足し、全学の充足率は109%である。在学生の男女比率は15：85と圧倒的に女子に比重がある。学部・学科の選び方によって、ファッション、管理栄養、保育・幼児教育、養護、看護などの、幅広い資格の取得を可能とし、資格・職業志向に応える教育内容で、確実に女子受験生たちの支持を得ている。

同じ学校法人の経営でキャンパスも隣接する名古屋外国語大がある。88年に中京圏で初めての外国語の単科大学として開設されている。中京圏には南山大、名古屋学院大、名城大にも外国語学部はあったが、少人数教育、ネイティブスピーカー、留学、キャリアサポートの充実、新しいキャンパスなどを前面に出して、女子受験生を集めることに成功した。教員のリクルートも、語学教育に実績のある有力な教員を集め、そこからさらに内外の若い有能な教員を集めたことも成功のポイントだろう。

ネイティブの教員を3人の学生が囲んで行われる必修授業、航空会社やホテル業界の現役スタッフを非常勤講師とする就職支援に繋がる選択科目、世界各地に138校の留学提携大学など、実践的な語学教育を前面に出している。04年には現代国際学部を、17年には世界共生学部を増設し、さらに19年には世界教養学部の開設を予定している。現時点で入学定員1000人程度の中規模大学になっている。男女比率は26：74と、きめ細やかな指導体制は女子受験生を惹きつけている。この両大学は女子受験生を集めて浮かび上がる代表例といえる。

関西圏

関西圏ではいずれの府県でも、私大の2割から3割は定員充足率9割以下となっている。大阪府の51ある私大のうち充足率9割以下は10校だが、京都府では27校中7校が、兵庫県では32校のうち11校が該当する。それぞれ定員割れ大学の傾向はだいたい重なる。

京都府では、種智院大（72・4%）、京都精華大（65・7%）、京都ノートルダム女子大（67・8%）、平安女学院大（71・7%）、京都華頂大（81・7%）、京都光華女子大（84・8%）、花園大（86・4%）が該当するが、女子大の不振が目立つ。京都ノートルダム女子大は、61年の開学だが、文学部英文科のみでスタートした女子大である。平安女学院大は00年に短大経営から四大開設、京都光華女子大も、64年に短大を改組した文学部で始まった女子大である。00年代に福祉分野の学部などを増設しているが、一部の学科を除いて学生募集回復には繋がっていない。これに比べると、新制大学発足時からの女子大である京都女子大と同志社女子大は、現代社会学部を相次いで開設するなど、女子受験生の選好に対応しており安定的に学生を確保している。

大阪府の場合は、大阪人間科学大（66・8%）、太成学院大（76・7%）、帝塚山学院大（72・5%）、相愛大（78・6%）、大阪河﨑リハビリテーション大（80・0%）、大阪国際大（82・1%）、大阪音楽大（84・1%）、桃山学院教育大（87・5%）である。大阪人間科学大は01年、短大の改組により開学、相愛大は00年まで女子大、大阪国際大は65年に短大から改組した女子大が前身であるなど、やはり女子大、短大を前身としている大学の不振が目立つ。なお桃山学院教育大は、閉校したプール学院大の国際文化学部を桃山学院が引き取って開設したものである。

兵庫県では、以下の11校が該当する。甲子園大（47・7％）、神戸医療福祉大（65・6％）、姫路獨協大（68・3％）、神戸山手大（72・7％）、兵庫大（75・6％）、姫路大（76・5％）、宝塚大（77・1％）、神戸松蔭女子学院大（78・7％）、芦屋大（80・7％）、宝塚医療大（82・0％）、大手前大（89・6％）である。

大手前大は00年まで女子大だった。07年に3学部を開設するなど、意欲的に改革を進めているが苦戦している。神戸医療福祉大は、00年に開学以来すでに2回も名称を変更している。神戸山手大は99年に短大を改組し、兵庫大も95年に短大改組により開設された。姫路大は07年に経営難に陥っていた女子短大を引き取るかたちで開設されている。神戸松蔭女子学院大は、66年の開設であるが、文学と家政系の学部構成のままである。

兵庫県内には、女子大が8校ある。女子大離れといわれているが、歴史の古い神戸女学院大や甲南女子大、新学部を積極的に拡大してきた武庫川女子大などは、安定的に学生を集めている。戦後、服飾系の短大からスタートした神戸女子大も学部・学科の増設・改組を繰り返しながら学生を確保している。

中国・四国圏

中国圏では、広島市が人口120万人、福山市が46万人と大都市圏を構成するほか、岡山市の人口は71万人と、それぞれ、複数の私大が類似する学部を持って競合する環境にある。山口県は県全体で144万人であり、最大の都市が人口は26万人の下関市であり、複数の私大が存在するのは難しい人口規模である。

中国地方で、芸術系大学を除いて定員充足率9割を切っているのは以下の各校である。東亜大（64・8％）、広島国際学院大（66・2％）、吉備国際大（66・5％）、岡山学院大学（66・9％）、広島文教女子大（70・1％）、宇部フロンティア大（72・7％）、中国学園大（75・1％）、倉敷芸術科学大（75・9％）、広島女学院大（77・8％）、山陽学園大（79・5％）、岡山商科大（82・6％）、福山平成大学（84・9％）、広島経済大（85・9％）、広島都市学園大（86・5％）、福山大（87・3％）の15校である。3県の私大全36校の42％にあたる。

これらのうち、16校の私大中7校が定員割れしている広島県を見てみよう。広島国際学院大は、67年に広島電気大として開学している。99年に校名変更をして現名称となっているが、入学定員250名の小規模でありながら、文系の新設学部を開設してみたり、学部・学科の改組を頻繁に行ったりするなど、ここも改革の方向性が定まっていない。受験生にとって大学のイメージが混乱するばかりだ。入学定員1000人を超える広島工業大の影に完全に隠れてしまっている。

広島文教女子大は家政系学科を持つ可部女子短大を母体とし、初等教育、福祉、心理、栄養といった伝統的な女子教育を行ってきた。19年度から共学となる予定であるが、女子を十分に引き寄せられなかった女子大が共学に転換しても、見通しはあまり明るくはない。

同じく女子大の広島女学院大は戦後、最初期に新制大学としてスタートしている。しかし、ミッション系の大学に見られるように英文学部のみという、典型的な女子大であった。12年にようやく、国際教養学部と人間生活学部の2学部体制に再編されたものの、18年度には再び国際教養学部を人文学部（国際英語学科、日本文化学科）に改組、実質的に元に戻すなど、迷走気味である。12年の再編では、国際教養学部は英語系で英語教育など2領域、生活科学系でも3領域、社会系、ビジネス情報系の4コースが提供されたものの、間口を広げ過ぎて、講師確保が難しいなど、教育体制を確立することができなかったようだ。改革はするものの浮かび上がるには空回りしている状態である。さらに収容定員を削減するなどの改革をしているが、大学の経営・運営に当たる執行部の努力が功を奏するかは不透明である。

同じ市内にある後発の安田女子大は、66年に文学部（日本文学科・英米文学科）のみの単科大学で開設された。その後03年に現代ビジネス学部、04年に家政学部、07年薬学部、12年には文学部を発展的に改組して教育学部と心理学部を設置、14年に看護学部と、立て続けに新設学部を展開している。教育学部はベネッセの偏差値が60と、広島県内私大のトップに位置づけられている。最低の文学部でも52と、すべての学部で広島女学院大を上回っている。女子受験生を惹きつけることのできた大学が浮かぶ典型例となっている。

隣の岡山県には、広島女学院大と同時期に新制大学としてスタートしたノートルダム清心女子大がある。文学部と人間生活学部という典型的な女子大であり、03年に文学部に現代社会学科を開設した程度で、大きな学部・学科改編もしていないが、安定的に優秀な学生を集めている。学内外で活発な活動を続け、長らく学長・理事長を務めた渡辺和子が、大学の顔として学内外の信頼を集めたことと、学内的には彼女の指導力が大きかったと思われる。

88年に完成した本四架橋の児島・坂出ルートによって、四国地方と中国地方が鉄道でも繋がり、岡山地域と高松地域は通学圏として一体化した。その結果、とくに香川県の高校生が岡山県を中心に中国地方や関西方面を進学先に選ぶ動きが顕著になった。香川県内高校生の県内進学者は80年、全進学者中の20・３％（７３１人）から90年には同14・０％（６４０人）にまで低下した。香川県から岡山県内の大学への進学者は80年の１４９人から90年の３０１人と2倍、さらに95年には４８０人と、３・22倍へと大きく増加している。香川県の四国学院大と高松大は、定員充足率はそれぞれ76・１％、84・６％と苦戦している。隣接する徳島県からは、玉突き的に香川県所在の大学への進学者数が、同期間に2倍になっている。徳島文理大は定員充足率73・６％と大幅に定員割れしている。岡山県、広島県の大学への進学者数もそれぞれ約3倍に増加し、流動性が高まっている。

九州圏

九州圏では、福岡市の１５４万人、北九州市の96万人の二大都市が一大都市圏を形成しており、私大は15校あり、公共交通手段で結ばれる隣接市に所在する私大も含めれば20校を超え、女子大も４校（看護を除く）あって、３大都市圏についで、それなりの規模のピラミッド構造を構成している。他の都市では、熊本市の73万人から宮崎市の40万人などには、複数の大学があるが、それぞれの地域は独立性が強い。地元の高校生からの支持を失うと学生募集は厳しくなる。

芸術系を除いて定員充足率が9割を切っているのは、保健医療経営大（45・9％）、長崎ウエスレヤン大（60・2％）、九州情報大（68・5％）、九州保健福祉大（69・8％）、宮崎国際大（71・3％）、第一工業大（74・7％）、日本経済大（76・3％）、活水女子大（78・3％）、鹿児島純心女子大（81・5％）、鹿児島国際大（82・1％）、西九州大（84・5％）、長崎純心大（84・8％）、長崎総合科学大（85・1％）、福岡歯科大（86・3）、筑紫女学園大（89・8％）、南九州大（89・4％）、全56校のうち16校である。これらのうち、31校中の6校が定員割れしている福岡県について見てみよう。

日本経済大は、福岡市に本部を置く都築学園グループの大学で、中国などからの大量の留学生を集める独特の大学運営をしている。東京（渋谷）や神戸に大規模なサテライトキャンパスを設け、学生たちがこれらの都市でアルバイトをしながら学生生活を送ることを可能としている。なお同グループの第一工業大の所在地は鹿児島県霧島市であるが、情報関連のコースを都内の台東区・上野に置いている。中国からの留学生数が全体的にも頭打ちになったためか、いずれも定員割れとなっている。

県南にある保健医療経営大は、08年に開学した、入学定員80人の保健医療経営学部のみの単科大である。文科省の行政処分を受けたり、大学認証評価で異例の「不適合」判定を受けたり、運営体制も覚束ない。教育内容や卒業後の進路について、高校生には理解が難しいことも学生募集を困難にしているだろう。

九州情報大は、98年に太宰府市に経営情報学部のみの単科大学として開設された。前身が麻生福岡短大であり、施設面でも受験生にアピールするものは少なく、当初から学生募集には苦戦した。18年度の留学生比率は39%と、留学生に依存する傾向が強い。

福岡県内には女子大が看護大を除いて5校ある。うち一校は公立の福岡女子大であり、私立は、北九州市の九州女子大、福岡市の福岡女学院大と西南女学院大があり、太宰府市の筑紫女学園大の4校である。福岡市内の2校がキリスト教系、太宰府市の筑紫女学園大が仏教系であるが、いずれも伝統的女子教育の延長にある文学系や幼児教育を含む家政系が中心である。4校中、福岡女学院大のみが辛うじて定員を充足しているが、いずれの女子大も学部・学科の改組、カリキュラムの見直しなど、受験生確保の方策を手探りしている状態である。

福岡県以外では、長崎ウエスレヤン大、活水女子大、九州ルーテル学院大がプロテスタント系教会、鹿児島純心女子大、長崎純心大はカトリック修道会による開設である。いずれも、文学系などを中心とする女子教育の短大を前身とする小規模大学である。それぞれ学部・学科の再編が試みられているものの、女子受験生を十分に惹きつけられていないことが、不振の原因だろう。いずれも大都市圏からは離れた立地であり、他大学との競合を考える必要はなく、地域の高校生を確実に確保することが存続の条件である。

まとめ

三大都市圏に含まれる政令指定都市を除き、人口が１００万人を越す大都市圏では、国公立大の他に10校以上の私大が開設されている。公共交通手段も発達しており、通学可能範囲に類似した学部・学科が複数あって競合するかたちとなる。そのため、大学には偏差値的な序列が形成され、下位に置かれた大学から定員割れが深刻化する。学部・学科の再編を試みている大学も少なくないが、偏差値的序列を覆すほどのインパクトを持つ大学は少ない。

一方で、人口十数万人以下の地方都市に設置された私大の場合、特殊な専門分野を持ち、広く受験生を集めることができ、適当な規模であれば、経営が成り立つ程度の学生を集められる。しかし、とくに際立った特徴がなければ、地元の18歳人口の減少傾向のなかで、苦戦することは避けられない。しばしば、開設の理由そのものが不可解な例もある。

人口20万人以上、100万人以下の規模の地方都市に開設された私大は、基本的に地元の高校生の進学先として選ばれるのであり、地域への密着度が最優先されるべきである。しかし、しばしば硬直した大学運営が受験生を次第に遠ざけているケースが見られる。例えば、一部のミッション系女子大が、文学系と家政系の古い女性教育から変わることなく、受験生を失っていく。そのような大学が、突然、国際を冠した学部に改組してみたり、看護学部を新設したりの動きに出ることがある。地元の人たちにとっては、大学のイメージが混乱し、かえって敬遠されることになりかねない。日々の社会変化にアンテナを張るとともに中長期的な展望を持って、経営と運営に当たることのできる人材の有無が、これからの大学の存続可能性を決める。

第四章

地方の大学——国公立大学

地方圏

地方では大学の数そのものが限られており、精緻な序列が形成されているわけではない。根強く残る官尊民卑の風潮のなかで、私大が国公立大の下に見られる傾向が強いが、大都市圏のように偏差値序列として意識されることは少ない。基本的に国公立大と私大は、地理的あるいは開設する学部の分野などによって、補完関係にあることが多い。

秋田大や山梨大には経済、法学分野の学部がない。福井大も教育学部と国際地域学部、工学部および医学部の4学部である。これらの地域の高校生が、地元の国立大で日本文学あるいは英文学を学ぼうとすれば、教育学部で国語専攻や英語専攻を選ぶしかない。山形大と茨城大にも、17年に人文社会科学部ができるまで、社会経済分野の学部がなかった。それぞれ国立大が持たない分野について、私大が持てば高校生の需要に応えることになる。

またこの他にも、福島大は人文社会学群と理工学群、農学群の入学定員945人、滋賀大は教育学部、経済学部とデータサイエンス学部の約800人の規模であるなど、県によって、国立大の事情は大きく異なる。

また、ほぼすべての地方国立大には、戦前の師範学校に由来する教育学部があり、文科

【表4-1】小学校教員免許取得可能私大数

0	秋田県	福島県	新潟県	和歌山県	鳥取県	島根県	愛媛県
	高知県						
1	青森県	岩手県	山形県	富山県	福井県	山梨県	長野県
	三重県	滋賀県	佐賀県	長崎県	熊本県	大分県	沖縄県
2	茨城県	栃木県	静岡県	石川県	徳島県	香川県	宮崎県
	鹿児島県						
3	北海道	奈良県	山口県				
4	群馬県	神奈川県	岐阜県				
5以上	宮城県	埼玉県	千葉県	東京都	愛知県	京都府	大阪府
	兵庫県	岡山県	広島県	福岡県			

出典：文部科学省　小学校教諭一種免許状（大学卒業程度）通学課程

省は従来、小学校教職の課程を基本的に国立大に独占させる姿勢だった。しかし、最近はその方針も転換され、小学校教職課程をもつ私大が増えている。しばらく前から、国立大学の教員養成系の学部の、大学を跨いだ統廃合の話が浮かんでは消える、を繰り返している。小学校教職課程の認可を私学に対して緩めているのは、その布石ではないか、との指摘もある。大都市圏では乱立気味であるが、地方私大では、工夫されたカリキュラムで育てられた卒業生が、すでに教育現場で活躍している。受験生たちにとっては選択肢が増えている。

地方国立大学——疲弊する現場

地方国立大学の現状を論ずる際には、何よりもまず、その「疲弊」が問題となる。国立大学は04年の

【図4-1】国立大学学部系統別在籍学生

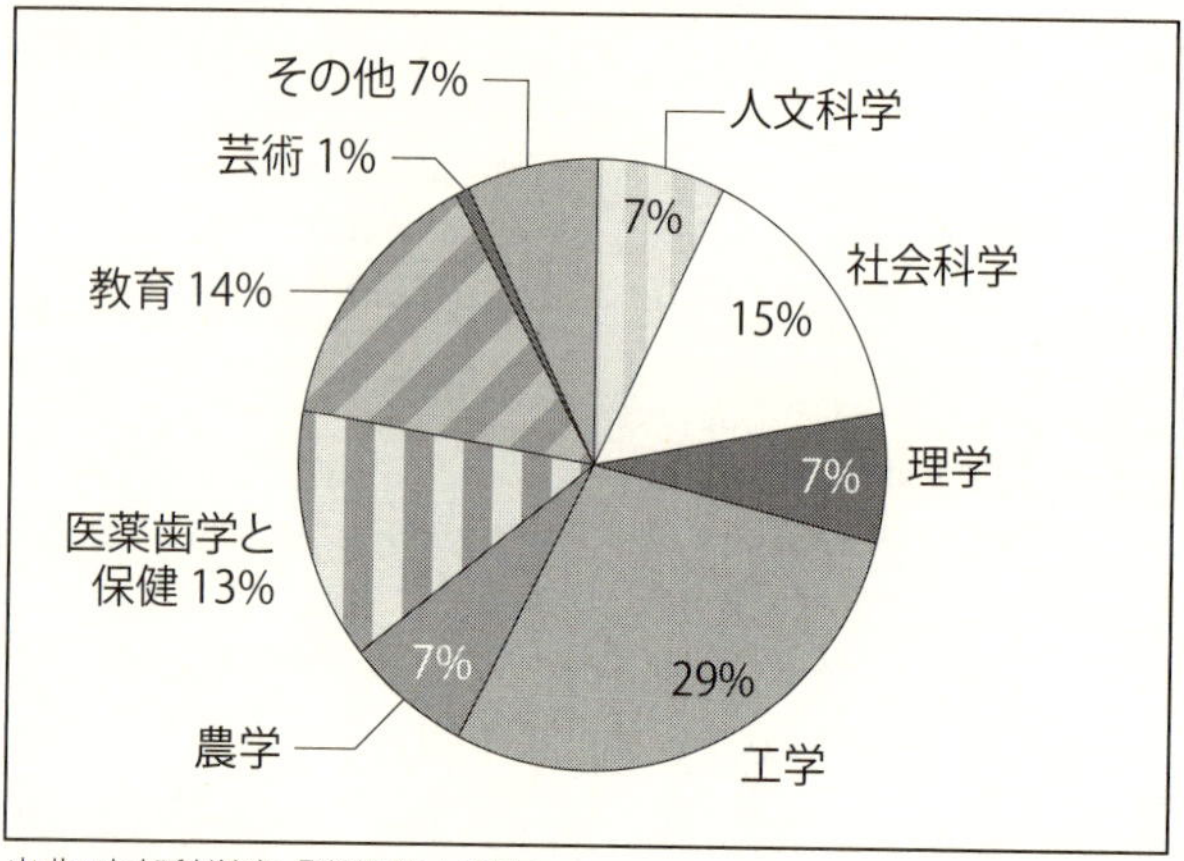

出典：文部科学省『学校基本調査』

独立法人化以降、政府からの運営費交付金の減額が続き、とくに地方国立大学は財政的に追い詰められている。交付金額は04年度の1兆2415億円から13年度の1兆792億円へと9年間で1623億円（13％）も減額が進んでいる。そのため、とくに地方国立大学では、教員の補充も思うようにできなくなっている。定年退職者が出ても、後任人事を起こせない状態が慢性化しているのだ。

とくに地方国立大学が皺寄せを受けている。基礎的な個人研究費は真っ先に減額され、学会出席の出張の2、3回程度で使い終わってしまう。その他の研究費は競争的資金を獲得することになるが、綱渡りになる。研究室によっては実験器具を維持するために必要な「電気代が払えない」というような状況が生じている。研究費不足は研究活動の低迷を招き、先進国のなかで唯一、科学論文の生産が落ち続ける原因のひとつともなっている。

国立大学の予算に運営費交付金と授業料収入の占める割合は、約4対1の構成になっている。授業料は53万5800円の標準額から、各大学の裁量で10％（07年度からは20％）まで引き上げられることになっていたが、横並びの状況が続いていた。ついに19年度分から、東京工業大と東京藝術大が、それぞれ約10万円程度の値上げに踏み切る。これらの大学は多少の値上げによって優秀な受験生を逃がす恐れはないが、地方国立大学では隣接県に似た学部があれば、受験生を奪われる可能性があるから、単独での値上げは難しい。とくに教育学部は全地方大学に必ずあるので難しいが、近い将来、近隣の国立大学が誘い合って値上げに踏み切るかもしれない。

しかしこれだけ厳しい状況に置かれても、地方国立大学は相当な業績を出している。とくに地方国立大学は各地の戦前の高等教育機関を統合して発足しているので、理工系の比率が高い。いずれも戦前まで遡ることができるので、地場産業などを背景とした長い研究の蓄積がある。

【図4-2】私立大学学部系統別在籍学生

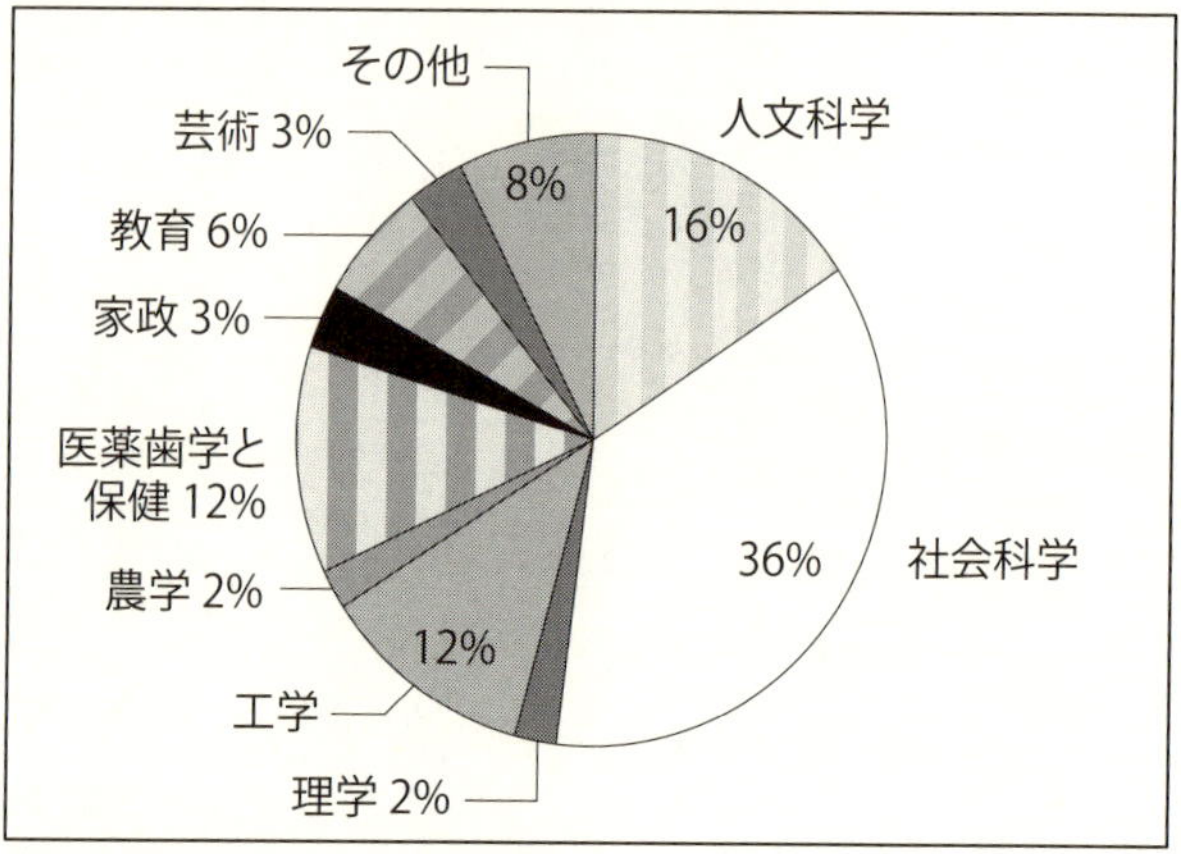

出典：文部科学省『学校基本調査』

工学の分野では以前から、企業や公的研究機関などで研究開発に従事する人材としては、修士を取得したものが前提となっている。国立大の工学部卒業生は全国で64・8％（17年度卒）が大学院に進んでいる。学部教育では一般的に4年生になってからゼミで研究室に配属され、初めて研究の最先端に触れる機会を得る。企業にしてみれば、製造現場では、学部の卒業生よりも、高等専門学校卒の方が賃金も抑えられ、多くの実習を経験しているため、即戦力として使いやすい。工学分野では、学部卒は中途半端な学歴となっているともいえる。研究開発人材を求める企業は、国立大学を中心に人材を求めざるをえない。

私大では工学系学部から大学院に進むものは、全体で19・4％に留まっているからだ。もっとも私大でも早稲田・慶應などの有力大学では、7割以上が大学院に進んでいるが、明治大理工学部では34・7％、中央大理工学部は30・6％など、その比率は、大学の偏差値の差以上に大きい。したがって工学系で進学先を探す際、研究分野によっては、大都市の有力私大よりも地方国立大学を選ぶのが賢明な選択である。就職面でも地元企業など、古くからの繋がりがあって有利である。各地の地方国立大学の工学部の多くは、受験科目数は私大よりも多いという負担はあっても、高校時代に幅広く学習して学力を付けていれば十分に手が届く範囲である。

教育学部の再編

教育学部は悩みが多い。まず教員採用数が大きく変動する。定年退職者が多く出る時期には採用が増えるが、基本的に少子化で採用数は先細りである。教員の過重な時間外労働なども話題となり、教職が敬遠される職業になりつつあるのもマイナスだろう。最近では首都圏の教員需給がタイトになっていることもあって、首都圏の教育委員会が、東北地方での採用活動を行うなど、地域を跨いだ流動性もあるが、教員採用の長期的な減少は避けられない。

採用の大幅な減少傾向が明らかになった地方では、90年前後から、教育学部を改組して教員免許の取得を義務付けない課程（通称、ゼロ免課程）が設けられるようになった。総合科学課程や生涯教育課程あるいは地域といった名称を持った課程である。教員にとっては教育内容の自由度が広がり、高校生にとっては文学系や芸術系の学部がなかった地方国立大で学べる分野が広がり、人気を集めるケースも多かった。

しかし、教育学部の縮小策を進める文科省の方針によって、国立大は学部の整理を迫られている。いくつかの地方国立大学は、学部の再編のなかで小規模な新設学部を設置しているが、「地域」の語を冠した新設学部の多くは、おもにゼロ免課程の教員を学内で移籍させて生まれている。宇都宮大の地域デザイン科学部や、福井大の国際地域学部、静岡大の地域創造学環、佐賀大の芸術地域デザイン学部などである。これらの新学部がどのような教育成果を挙げるかは、長い目で見る必要がある。

教育学部は、近い将来に隣接県で統合する動きが具体化してくるだろう。その場合は、現在、所属する国立大学法人組織から離れて、新しく設置される大学法人下に入ることになり、地方国立大学の大きな再編を刺激することになる可能性もある。

公立大学——90年代に急増

国公立大学という括りがあるが、国立と公立とは入試日程と学費がほぼ同じであることを除けば、共通点はあまりない。公立大学を創立時期で見ると3つのグループに分けられる。

第一グループは、戦前の県・市の高等教育機関が、戦後に新制大学となったものである。京都府立大、横浜市立大、浪速大（現・大阪府立大）、大阪市立大、名古屋市立大など、55年頃までに三十数校の公立大学が成立した。その後の開設は少なく、高崎経済大（57年）、都留文科大（60年）などの数校に留まった。

第二グループは、90年代に急増した新設大学である。新設ラッシュには3つの背景があった。ひとつは、80年代後半から団塊ジュニア世代が大学進学年齢に達し、大学の受け入れを拡大する必要が生じていたことである。文部省（当時）は大学を誘致するなど、地方自治体が高等教育に関わることを促した。その流れで、自治体が自ら必要とする大学開設に乗り出した。

第二に、地方で先行していた少子・高齢化である。自治体にとって、義務教育と高校の運営費は最大の歳出項目であり、総歳出に占める割合はどこでも2割近い。しかし過疎地を抱える地方では、80年代にすでに少子化の進行によって教育費は自動的に縮小していた。例えば、岩手県の小学校は80年の576校から20年間で483校にまで減少し、児童数では約13・5万人から8・8万人へと、3分の2以下となった。その分、高等教育に予算を回せるようになったのである。

第三に、高齢化が典型だが、各自治体が行政上の課題に対応するための教育・研究機関の必要性を認識するようになっていたことである。この時期の新設校に福祉・医療分野が圧倒的に多いのはそのためだ。岩手県は、98年に看護、社会福祉、総合政策、ソフトウェア情報の4学部からなる県立大学を開設した。看護と福祉の設立目的はおもに高齢化対策、総合政策は北海道を除けば最大の面積を持つ県の行政効率化対策と、県がどのような人材を必要としていたか、よく示されている。長崎県では08年に、県立女子短大を前身とする長崎シーボルト大と県立国際経済大を併せて、長崎県立大として2カ所のキャンパスを整備し、経営学部、地域創造学部、国際社会学部、情報システム学部の4学部体制としている。

以上の理由から、90年代から00年代にかけて、地方を中心に新設や統合・再編が相次ぎ、08年には学校数は90校に達した。その間、04年には神戸商科大、姫路工業大、兵庫県立看護大を統合して兵庫県立大が開設され、05年には東京都立大をはじめとする都立科学技術

【図4-3】公立大学数と在学生数の推移

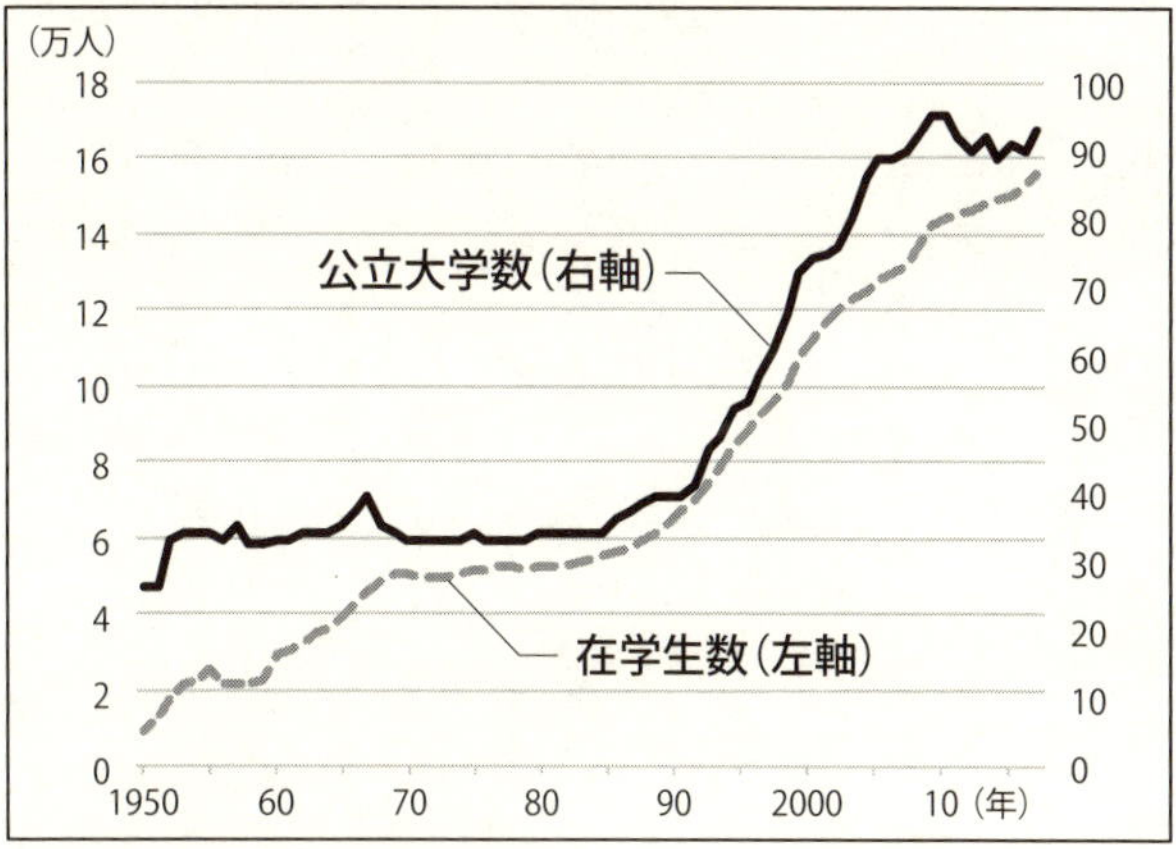

出典:文部科学省『学校基本調査』

大、都立保健科学大、都立短大を統合した首都大学東京が開設され、同年には大阪府立大と県立広島大がそれぞれ3校を統合しているので、実際には60校以上の公立大が新たに開設されている。

第三グループは、この10年ほどの間、経営難に陥った私大を自治体が引き受けるかたちで生まれている公立大である。09年から、高知工科大、名桜大、鳥取環境大、長岡造形大が相次いで公立化され、さらに16年以降、成美大、山口東京理科大、長野大、諏訪東京理科大が続いた。ただし、前者と後者では開設の経緯は異なる。

高知工科大は当初、県立として開設しようとしたが、すでに県立女子大があったため、私大としてスタートした。名桜大は沖縄県と名護市および県北の自治体の積極的な運動によって、県内でも、経済的にもっとも遅れていた北部の地位向上の期待を担って開設された。鳥取環境大は、県内にひとつの国立大学しかなかった県が、市とともに開設した。長岡造形大は、金属加工産業などが盛んな燕市・三条市に隣接する長岡市が、市立大学として開設しようとしたが、政令指定都市でない市が大学を持つことに、自治省（当時）が難色を示したために私大としてスタートしている。

したがって第三グループでは、同じ時期の公営化とはいえ、これらの大学を同列に論じるのは不適当である。一方は、初めから地域に根差した研究・教育機関として自治体によって開設され、施設・設備、教員とも充実している。学生募集に苦戦して立ち行かなくなっては、自治体の努力が水泡に帰すことになる。当初の目的を実現するため、公立化を選択した。

しかしもう一方は、受け入れ自治体の援助を受けながら開設されたものの、地元との関係にもあまり積極的ではないケースもあった。学部・学科あるいは定員の見直しなども、定見の感じられない変更を繰り返してきたものもある。また施設・設備も比較的貧弱で、教育・研究活動も低調だった傾向がある。自治体にしてみれば、せっかくの大学に撤退されれば、若年人口の一層の減少を招き、地域経済にとってもマイナスであるため、やむなく引き受けるかたちで公営化することになる。

現在の入試制度では、一度、公立大学のリストに載ると、センター試験受験者の目に留まるようになり、偏差値を目安に、ある程度の数の受験生が、大学を一度も見たことのないまま、志願してくる仕組みになっている。そのため、定員割れした大学のすべてが公立化とともに受験生が戻り、倍率が出るようになっている。いずれも一度は沈みかけて浮かび上がった大学であり、これから真価を問われることになるのだが、結論は公立化後の卒業生が出る、数年後には明らかになる。

二つの公立大学――沈んで浮かんだ大学

名桜大と鳥取環境大は、沖縄県が全国最下位、鳥取県が46位と、地元の大学進学率自体が低いうえ、県外からの志願者も集められず、いずれも開設後しばらくすると定員割れに直面した。また長岡造形大も工学系のため、学費が文系よりも相当に高額だったこともあって、開設当初から徐々に志願者を減らし、定員割れに至っている。開設に関わった自治体が改めて引き受け、公立化した。いずれも施設・設備および教育・研究水準は一般的な国公立大レベルか、それ以上であった。以下、長岡造形大と名桜大を紹介する。

長岡造形大――地域密着が全国から学生を集める

キャンパス

公立長岡造形大は、キャンパス全体がひとつの芸術性を持つ作品となっている。一歩足を踏み入れると、そこはランドスケープ（景観）の専門家によってレイアウトされた木立と芝生に囲まれた校舎建築の世界が広がる。入口の正面は、珍しい桂の木の並木がキャンパスに奥行きを与えている。落葉からは独特の甘い香りが立つ。落葉を踏みつつ歩けば、柔らかな足下から香りが立ち昇ってくる仕掛けだ。景観を視覚だけで感じるのではなく、嗅覚、聴覚、触覚を含む感覚で楽しむことができる。校舎の一棟一棟も、それぞれ異なった意匠が凝らされている。メインの建物の屋根は、航空機の翼の流線形を思わせる優雅な曲線を描いている。またガラスを全面に使った建物もあれば、コンクリートの打ちっぱなしの建物もある。

午前10時だというのにキャンパスには、枯れ葉の清掃と芝の整備にあたる作業員の姿しかない。校舎に入っていくとやっと学生たちの姿が見える。学生たちは授業や制作活動に忙しい。授業がない時間も、学科ごとのアトリエがあって、ここで作品制作をしたり、仲間との自由な時間を過ごしたりするのだという。

開学の経緯

長岡造形大は94年、入学定員230人の造形学部の単科大学として開学した。長岡市のテクノポリス構想（その後、隣接する燕市や三条市も含めた信濃川テクノポリス構想となり、さらに現在は、新潟県産業労働観光部が主管する「ニューにいがた振興機構」に発展している）の中核となる研究・教育機関となるべく、新潟県の支援も受けて進められた。市とその周辺の中小企業の経営上の課題解決を市内の高等教育機関の連携によって支援していくという構想であった。長岡市には国立長岡技術科学大、経済経営学部を持つ長岡大、国立長岡工業高等専門学校の3つの教育・研究機関が以前からあり、ここに公立の造形大学を開設した。

大学の英語名は、Nagaoka Institute of Designである。Designには一般的に訳される「造形」の意味もあるが、工業デザインなどの「モノづくり」の狭い意味ではなく、「構

桂の木の並木

想」に近いニュアンスを与えようとしたという。「デザイン」を「構想」に置き換えれば、育てるべき能力は俄然、広がりを見せることになる。一般に「構想」を論じる際には、文字を中心とした文書が主要なものになるが、二次元あるいは三次元で表現した方が理解されやすいテーマも多いはずである。アイデアを図面や立体で表現されたものによって思考したり、説明したりすることに長けた人材は、イノベーションや問題解決の新しい手法を提供できる。長岡市としては、従来の大学にはなかった斬新な大学を準備しようとしたのである。

開設初年度、物珍しさもあって入学定員230人に対して約1900人の受験生の

ガラス張り校舎

応募があり、入学者も県内、県外がほぼ半々という状態でスタートした。しかし大学の教育理念が必ずしも十分には理解されず、志願者は美術大学との併願者が多く、次第に志願者を減らしていった。ついに11年度には定員割れとなり、入学者160人という状態になった。基礎学力が不足気味の学生も増え、何か新しい企画が持ち上がっても、「うちの学生には無理だ」というのが教職員の口癖にさえなったという。

公立大学へ

市は公立大学への転換を図ることにした。もともと公立として開設される予定だった経緯もあり、充実した施設や設備を持っており、総務省から比較的スムーズにゴー・サインが出され、14年に公立化が実現し、公立学校法人化した。公立化は著しい効果をもたらした。公立化構想が発表されただけで、志願者数は一気に回復した。公立化前年の13年には志願者が410人、公立化当年の14年には1196人となった。

全国から意欲的な学生が集まり、入学者の約4分の3は県外者が占めるようになった。また男女比率も1対3程度で圧倒的に女子が多くなっている。基礎学力の高い学生が増えると、学習成果も目に見えて向上し、それがさらに大学の魅力を強く発信することに繋がり、より意欲的な学生が応募してくるという好循環が生まれた。現在では北海道から沖縄まで、全国から学生が集まっている。

教育の特徴

実技を課さない入試類型があることもあり、すべての学科で1年生には、「基礎造形実習」として、描写、造形、素形材、デザイン、複合造形の5科目を必修とし、デッサン力や造形の素材などの知識と技術を徹底的に身につけさせる。学生たちは1年次の春・秋学期とも月曜から金曜まで、毎日、造形に必要な知識と技術を、頭と目と体とで吸収することを求められる。この過程で、天性の才能の有無は自覚できるから、才能のあるものは独創性を発揮するデザイナーとして能力を伸ばしていく。大半の学生は、自分の才能を見極めて、より一般的な商業や工業のデザイン分野に目を向けていくことになる。

学科は次の4つに分かれる。工業製品開発などが中心となるプロダクトデザイン学科(35人)、デジタル技術も含めた表現法を学ぶ視覚デザイン学科(110人)、絵画・彫刻などを学ぶ美術工芸学科(35人)、一級建築士の受験資格もとれる建築・環境デザイン学科(50人)である。それぞれ、語学科目や一般教養科目と並行して、2、3年次には実習あるいは演習が必修として組み込まれ、制作活動に取り組み、4年次では卒業研究が課される。卒業制作の作品が、県や市の美術展などで受賞することもある。

またすべての学科で、2年次と3年次にそれぞれ、1年間を通しての「地域協創演習」が選択科目として設定されている。ここでは、地域社会および企業からの相談を受けて、連携事業として立ち上げられた課題を、学生・教員が力を合わせて取り組むという内容である。基本的に通常の授業時間の外で行われている。大学の地域連携の核となっているのが、14年、公立化と同時に開設された地域協創センターである。

地域協創センター

地域協創センターは、高校への出張講義や市民向け講座開設などの一般的な業務のほか、企業、自治体、NPOなどからのデザイン業務のアドバイスや開発などの相談を受けている。毎年50件前後の相談があり、必要に応じて関係する教職員が面談し、連携方法の提案が行われる。引き受けの可否、引き受ける場合の担当研究室、さらに費用も含めた提案が行われ、まとまれば委託研究や共同研究として契約に進む。委託金は7割が研究費に、3割が大学の運営費に利用され、科研費と同じような扱いである。地域協創演習の授業として立ち上げる場合には学生が課題解決に取り組むことになる。実質的なインターンシップとなって、依頼企業側から学生の卒業後の採用が提案されるケースもある。

実現した開発事業には、地元和紙生産組合との連携による商品開発や、地元銀行支店設計のアドバイスなどの他、歴史的建造物の調査などがある。また空き家バンク活動のような全国各地に共通する課題への取り組みもある。同じ県内で数年前に大火で街並みを広範囲に失った糸魚川市の都市復興の「街づくり」活動にも、多彩な方法で支援している。学生にとっても、地域の歴史を学び、同時に都市計画法や建築基準法などを学ぶ、生きた学習をする機会となっている。

この大学のユニークな行事として、市民向けのオープンキャンパスがある。大学のオープンキャンパスは珍しくないが、長岡造形大学では、市民の「ものづくり体験」などを中心とした行事が毎年1回開催されている。大学の施設を利用して、中学生や高校生はもちろん、子どもも参加できるプログラムが用意されている。長岡造形大の地域貢献では、自前の施設や教員学生たちによって幅広い体験の機会を提供している。

卒業後の進路も多岐にわたる。デザインの才能に恵まれた卒業生は、そのままデザイナーとして、デザイン事務所に採用されたり、独立して活動したりする者もいる。地元の新聞社に採用され、紙面のデザイン業務に携わる者もいる。地元の鋳造メーカーにデザイナーとして勤務する者もいるなど、多様である。

名桜大――地域発展のエンジンとしての大学

名桜大は、地形的には沖縄本島中央部の西側に突き出した本部半島の付け根、人口分布からいえば最北部に近い名護市の高台にある。太陽の高さのためか、あるいは国頭《くにがみ》マージと呼ばれる赤っぽい色の土壌のためか、名護市の市街地から坂道を上がった先にあるキャ

名桜大学正面入口

ンパスは、県外から訪れる者にとって、一種独特な雰囲気を感じることができる。

開設・公立化の経緯

名桜大は名護市とその周辺の北部12市町村が中心になって開設計画を進め、沖縄県および12市町村が準備した資金66億円余りで建設され、94年に開学している。開学時は国際学部の単科大学で国際文化、経営情報、観光産業の3学科体制だった。その後、人間健康学部スポーツ健康学科、看護学科が増設された。

開設の趣旨としては、①第三次産業の核となる観光産業の人材育成、②全国で最低の大学進学率の引き上げ、③沖縄本島のなかでも、中南部に比べて産業が未発達で過疎化が進んでいる

【図4-4】名桜大志願者数・入学者数推移

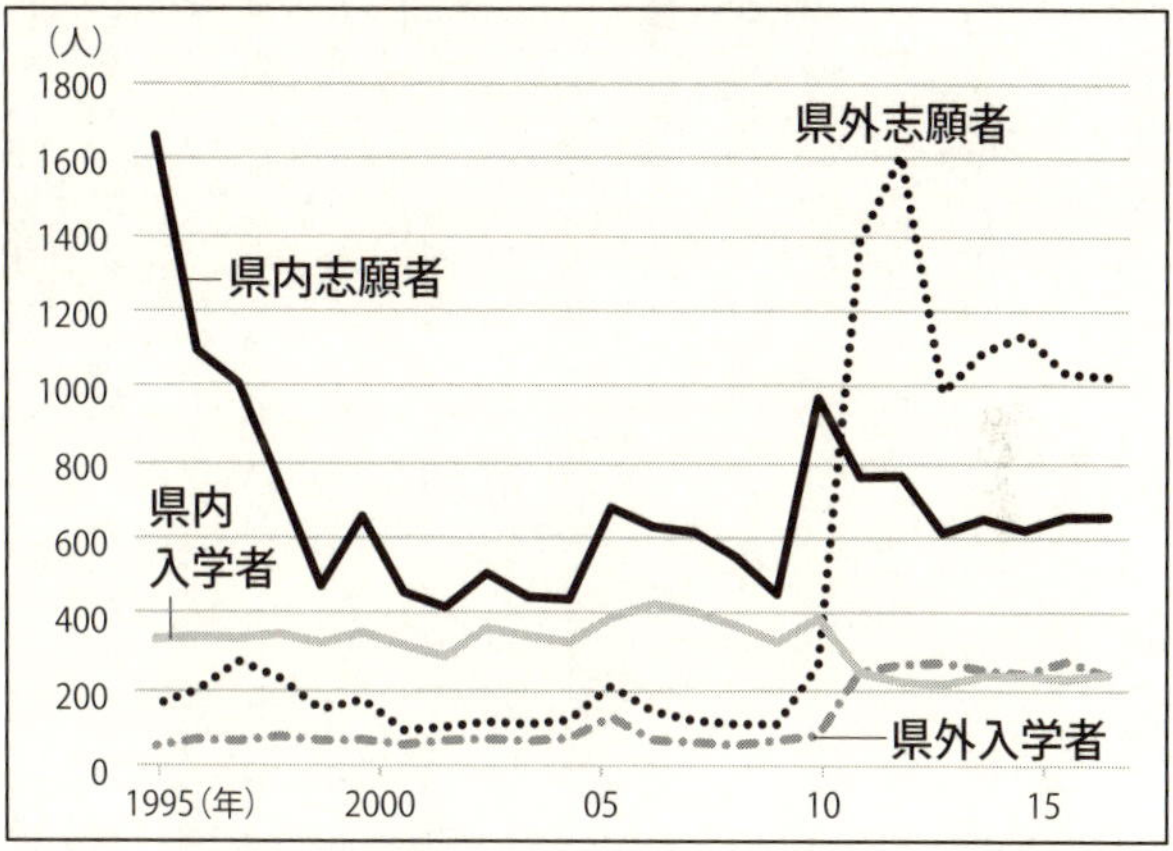

出典:「名桜大学　大学概要2017-2018」

北部に若年層を呼び込み、地域の活性化・産業振興を図ること、が挙げられていた。大学を地域開発のエンジンとしたいということである。

沖縄は戦前にも経済開発は遅れ気味であり、太平洋戦争末期の地上戦による徹底した破壊と荒廃もあり、第二次産業の比重が低い産業構造となっている。そのなかでもとりわけ北部は産業が未発達である。しかし近年、国内外の観光訪問客の増加は著しいものがあり、人材不足が指摘されていた。また過疎化、高齢化も深刻であり、高齢者の健康管理なども課題となっていたことから、05年には人間健康学部、07年には同学部に看護学科を増設している。

しかし開設直後こそ、関心を集めて約4倍の志願者を集めたものの、数年の内に志願者が急減し、国際学部は　定員割れに追い込まれた。履修の自由度を高め、学生の学習効果を高めるため、07年に学部から学群制に変更した。しかし、その後のリーマンショックの景気悪化もあって、定員割れはさらに深刻化した。人間健康学部は辛うじて定員は確保したものの、志願者数の低迷は大学の将来を危ぶませる状態になっていた。大学が県勢浮揚に向けて一層大きな役割を果たすことを明確にすること、受験生の強い国公立大学志向に応えて意欲的な学生を確保する必要性などを理由として、09年暮れ、大学の経営にあたっていた北部広域市町村圏事務組合が県に公立大学法人化を申請した。県・国の認可によって10年度から公立大学法人名桜大学に変わった。

学生募集における効果は絶大で、公立化の翌年度には各学部とも倍率が4～5倍に達し、学生の質も大きく向上した。ただし志願者の増加分は、看護学科を除くと、ほとんどが県外出身者によるものであった。その結果、入学者は国際学群とスポーツ健康学科で県内4、県外6程度と県外が多少多く、看護学科では3：1程度の割合で、県内者が多数を占め、全体としてほぼ5：5の比率となっている。結果としては、県出身者、本土各地の出身者、海外留学生と異質で多彩な文化的背景を持った学生たちの交流が生まれ、キャンパスには活気が戻ってきた。公立化によって実現した環境であるが、大学が活力のある教育・研究の核となるためには、そこに集う人々の多様性は不可欠である。

教育の特徴

教養教育（リベラルアーツ）

1年次に、アカデミック・スキルとライフデザインの科目を必修とし、すべての学生が大学での学びの基礎を習得する指導が行き届くようにしている。アカデミック・スキルには演習とライティング（レポート作成）およびコンピュータ・リテラシーなどが含まれる。大学によっては、これらの科目を非常勤講師に委ねる場合もあるのだが、名桜大では、外国語教育も含めて、リベラルアーツ機構という組織に十数人の専任教員を配置して教育にあたっている

さらに、授業と連携して学生の学習を支援するためのセンターが開設されている。入学定員500人弱の中規模大学としては、他に見られない充実した施設である。ライティングセンター、数理学習センター、言語学習センターが設置され、現在は15年に完成した学

数理学習センター(右)と言語学習センター(左)、後方にライティングセンターが置かれている

生会館「SAKURAUM」の4階に移設されてワンフロアを占めている(写真)。
主役は学生チューター(個人指導にあたる指導者)である。学内でのチューター養成は、アメリカの大学などの教育機関が組織するCollege Reading and Learning Associationによる養成法に準拠しており、国際水準のトレーニングを受け、成果を認められれば、チューター資格を認められる。教員や教育関連分野に就職しようとする際には、ひとつの能力証明として通用する。
教養教育重視の考え方は、学部再編にも表れている。国際学群の学生は学科に分かれるのではなく、国際文化、語学教育、経営、情報システムズ、診療情報管理、観光産業の6つのなかから専攻を選び、専門性を高めていくが、副専攻も認められている。他の専攻が提供するもので、副専攻には、「国際機構論」科目などが指定される国際貢献や、「ネットワーク論」科目などが指定されるビジネスマネジメントなど、9つが設定され、24~26単位の修得が条件となる。自由度を高めることによって学生の柔軟な履修を可能とし、かつ教養教育の要素を強めることを目指したものである。

国際交流

沖縄は戦前、海外移民を多く送り出しているが、県内でも経済的に遅れていた北部からの移民がとくに多かった。現在も名護市と名護市周辺の町村の歴史文化センターなどには、過去に村から出ていった移民の記録が残されている。現在、世界各地に日系人コミュニティーがあるが、沖縄出身者が独自のコミュニティーを形成している、あるいは日系コミュニティーのなかに沖縄出身者のサークルがあることも多い。彼らのなかには、現在の沖縄をさまざまなかたちで支援する者も少なくない。

大学が交流提携をしている16カ国・1地域、38の大学にも、日系移民の多いブラジル、アルゼンチン、ペルーの南米の3カ国が含まれるなどの特徴がある。また、海外からの留学生も常に20~30人が在籍し、言語学習センターは、彼らの母語に関心を持つ学生が自由に会話を楽しむスペースを提供している。

名護市周辺ではしばしば、日常生活のなかで国際交流が生まれる。まず学生が飲食店でアルバイトをするには、中国語や英語などの語学力は必須となっており、学生たちの語学の上達は早い。

こんなエピソードがある。看護学科の学生2人が、レンタカーのなかで、子どもに必死に心臓マッサージしている外国人観光客を見かけた。学生たちは、冷静に判断して心臓マッサージの必要のないことを英語で説明して家族を安心させ、駆けつけた救急隊員と家族の間の意思疎通を助けて、子どもは無事に病院に搬送された。

地域連携

大学の設置自体が、地域振興を目的にしていたことから、地域との結びつきは強い。とくに16年から、琉球大とともに、文科省のCOC+プログラムの指定を受け、地元企業や市町村との協定を拡大している。沖縄の最大の観光スポットとなっている、美ら《ちゅ》海水族館との協定によって、世界各地からの観光客をサポートする機会が学生たちに提供されている。とくに多い中国語圏からの訪問客たちに、ボランティアガイドとして接する機会は、中国語を学ぶ学生たちにとっては、絶好の学習機会となっている。

英語に苦手意識を持っていた学生が、中国語を上達させた結果、外国語に対するアレルギーが消えて、英語学習でも急に上達する場合もある。中国語圏からの観光客の急増によって、飲食店から観光施設、宿泊施設まで、中国語の習得を必要とする市民が増えている。大学が主催する中国語の公開講座には、毎回、多くの受講生が殺到している。29年度には延べで3600人を超える受講者を迎えている。

人間健康学部の学生たちを中心に、健康状態をチェックする大学の機器を持参して、周辺の町村を定期的に訪れ、おもに高齢者を対象として、健康エクササイズと健康チェックの健康教室を開催している。離島も含めた各地の小学校や中学校には、寸劇による食育、HIV感染防止の啓発のための講演会なども実施している。看護学科の学生たちにとっては、沖縄方言の理解力も必要となる。病院での実習では、高齢者患者と接する機会も多く、その意思疎通には、高齢者の話す言語理解が不可欠だからである。

学生たちは、それぞれの専門知識・技術の学びと並んで、多様な言語と出会うことによって、真に国際性を持った豊かな感性を育てることになっている。

名桜大の今後

山里勝己学長はハワイ大学大学院およびカリフォルニア大学大学院でアメリカ文学を専攻している。ハワイはアメリカにとって周縁の地であり、沖縄にとってハワイは、移住した先人たちの子孫が最大のエスニックグループを形成している土地である。山里学長の研究テーマには常に周縁部の文化があった。学長は、「英語のEdgeには周辺の意味もあるが、鋭い刃のCutting Edgeも意味する」と指摘し、沖縄北部の可能性を強調する。Edgeにはさらに Advantage（優越）やSuperiority（優勢）の意味もある。

「後発性の利益」という概念がある。遅れていたが故に、他の地域が時間をかけて得た技術や経験を利用して発展することをいう。しかし、沖縄北部はポテンシャルを持つ後発性だけではなく、草の根のグローバル性という先進性を併せ持つ。明治以来、多くの移民を送り出し、沖縄系であることにアイデンティティを持つ日系人のネットワークを世界中に持っている。それらは陰に陽に、大学の教育・研究を助けている。名桜大は、沖縄北部の発展の可能性を実現する核となる存在である。

公立大学の課題

公立大学にはさまざまな役割が期待される。地元の人々の高等教育を受ける機会、教育・研究を通じた地域社会・経済への貢献が基本である。しかし、それを実現するためには、なによりも優秀な教職員を揃えることが前提となる。大学職員には、ますます高い専門性が求められるようになっているが、公立大学法人となったことで、その採用も独自に行えるようになった。

学生募集においては、ある程度の地元枠はあってもいいだろうが、その大学でなければ学べない分野を持っているのであれば、全国から優秀で意欲的な志願者を入学させることによって、大学は教育・研究のレベルを高めることが可能となる。長岡造形大は、産業デザインや建築などのニッチな分野の教育・研究を通じて、地域の産業を直接、間接的に支援したり、伝統工芸や伝統建築の保全や研究に関わったりすることによって、地域に貢献している。長岡の街の冬は長い。雪道を自転車で通学する学生たちは、しばしば自分の作品を抱えて苦労しながら移動する。そのような姿は、地域の人々の希望でもある。

名桜大は前述したように、国際学群に加えて人間健康学部を増設し、若者たちが名護市および周辺の町村に出て、来訪した海外観光客に応対し、また地域の人々の健康管理に当たっている。「沖縄学」が必修化され、県外出身者も交えて沖縄の歴史を深く学び、県外出身者の一部は、名護市とその周辺あるいは沖縄に定住する道を選ぶ。興味深いのは、沖縄の伝統芸能であるエイサーの活動に熱心になる学生や、名護市の職員採用に応募する学生は、ほぼ例外なくヤマトンチュ（県外からの学生）だという。それだけ、沖縄文化や沖縄社会には、県外者にとって強い魅力があるのだろう。

長岡造形大と同様、秋田県の公立国際教養大は、「国際教養」という特殊な教学理念を掲げて、全国から学生を集めている。在学者中に秋田県出身者が占める割合は13・8％、東北地方に広げても21・3％に留まるが、そのことが批判されることはない。国際教養大の教育は、単なる外国語教育ではなく、幅広い知識と深い理解、洞察力や思考力を育てる教養教育を目標に掲げている。大学自体がグローバル社会を体現し、高校以下の学校での教育協力など、さまざまな方法やルートを通じて地域社会に貢献している。

これからの公立大学のあり方として、ひとつには、地域に密着した社会・経済の発展の支援あるいは住民のための保健衛生など分野の教育・研究の拠点となる大学である。今ひとつは、特定分野の教育・研究で全国から人を集め、ユニークな人材を送り出すことを通じて地域に貢献する大学だろう。そのためには、地方自治体に高等教育機関を運営する人材や経験が一般的に少ないことがネックになる。公立大学法人として、有能な学長や事務スタッフを揃えて、彼らに大きな裁量権を与える体制が必要とされる。

第五章

地方圏の私大

地方私大の厳しい環境

地方国立大にとっては厳しい状況が続くが、地方私大にとっても、少子化、過疎化が進行するなかで、厳しい状況に置かれていることは同じだ。採算ラインとされる定員充足率は80％とされるが、それをさらに大きく下回る私大も少なくない。大都市圏と北海道を除き、また芸術あるいは宗教系の特殊な大学を除くと、以下の私大が定員充足率6割以下となっている。富山県の高岡法科大（42・7％）、栃木県の宇都宮共和大（54・6％）、新潟県の新潟食料農業大（55・0％）、群馬県の育英大（59・0％）、山梨県の山梨英和大（59・8％）の5校である。

いずれの場合も経営する学校法人は、中学・高校あるいは専門学校などを持っている。大学の規模も、高岡法科大が入学定員120人、宇都宮共和大が同じく130人など、非常に小規模である。規模を拡大しない限り、グループ内での資金の融通によって維持できる程度の大学である。地方の学校法人経営者にとって、当事者たちの自己満足としても、大学を持っていることが、法人の「勲章」程度の位置づけでしかないことも多い。その場合は、大学をめぐる環境の変化に積極的に対応する必要を感じていない。

次いで充足率60％台の地方大学である。長崎ウエスレヤン大（60・2％）、浜松学院大（63・3％）、栃木県の文星芸術大（64・7％）、山口県の東亜大（64・8％）、群馬県の関東学園大（65・1％）、福島県の奥羽大（65・9％）、岡山県の吉備国際大（66・5％）、同じく岡山学院大（66・9％）、福島県の郡山女子大（66・9％）、新潟工科大（68・9％）、茨城県の筑波学院大（69・5％）、宮崎県の九州保健福祉大（69・8％）の、12校である。

吉備国際大は90年に、文星芸術大は99年に、長崎ウエスレヤン大と岡山学院大は02年、浜松学院大は04年、いずれも短大を改組あるいは短大を残しながら四大経営に乗り出した。福島県ではすべての私大が定員割れしている。震災後の急激な若年人口の流出もあり、回復は難しいだろう。新潟工科大は、地域の企業経営者たちが発起人となって、地域企業の技術者養成を目指すという趣旨で開設された入学定員２００人の小規模単科大である。15年に学部改組を行って学系・コース制としているが、学生集めには繋がっていないようだ。

筑波学院大は90年、学校法人東京家政学院が筑波研究学園都市の一角に開設した女子短大を起源としている。96年には東京家政学院筑波女子大として四大化し、さらに05年に共学化したという経緯がある。四大移行期には国際学部とし、その後、名称変更時に、情報コミュニケーション学部に、さらに経営情報学部にと、頻繁に学部改組をしている。どのような方向を目指しているのか不明である。

生き残りの最後のチャンス

相当数の地方私大が大きく定員割れしているのだが、堅実に経営してきた地方私大にとっては、国立大の疲弊や受験生の地元志向などの環境は、2つの意味でチャンスを与えられているといっていい。

第一に、地方の私大が優秀な教員を確保する、またとない機会となっていることだ。大学院重点化政策も手伝って、大量の博士号保有者が生まれているが、彼らの行き先が限られていることが問題化している。大都市圏の歴史の古い大規模私大の人事は、相変わらず水面下で「調整」されて進められる傾向にあり、優秀な人物でも、なかなか採用には至らない。このような状況のなかで教員を公募すると、以前であれば考えられなかったような業績を持った優秀な人物がひとつのポストに何十人と応募してくる例が増えている。

ある地方私大では、経済学の教員募集をしたところ、国内のトップクラスの大学の博士号を持ち、海外の大学での研究歴もある人物が複数、応募してきて驚いたという。以前の私大では、さまざまな事情から国立大の定年退職者を雇用することが多かったこともあって定年を70歳とする大学が多かった。しかし人件費削減の必要もあり、最近では65歳程度に定年を引き下げる大学も多く、地方私大ではちょうど教員の世代交代が進行している時期でもある。若くて優秀な教員を採用して学内を活性化する、またとないチャンスとなっているのだ。国立大の教育力・研究力の低下が避けられないとすれば、優秀な教員を増やすことで、私大が地元の国立大と比肩することも可能となる。

第二に、地方国立大も財政基盤強化のために授業料の値上げを視野に入れざるをえなくなっていることだ。前述したとおり東京工業大と東京藝術大は来春からの授業料値上げを決定している。今のところ、地方国立大は授業料を引き上げた場合、隣接県の国立大へ志願者が流れることを恐れて踏み出せないでいる。どこかの時点で、一斉に値上げに踏み切るかもしれない。その場合、国立と私立の学費負担の差は限りなく縮小していくから、受験生の流れは変化していくだろう。すでに私大の多くは成績優秀者に対して入学金と授業料の減免を提供する特待制度を採用している。価格競争という点では良い勝負となっている。

大学間に厳密な偏差値序列がある大都市圏では、トップクラスの大学間の価格競争は起きにくい。例えば明治大は、入試成績で最上位数パーセントの合格者に授業料相当額を免除する特典を提供しているが、トップ数パーセントの合格者のうちの相当数が早慶や国公立大学に合格しているはずだ。その早慶でも入学手続き率は20~30%だ。授業料の減免が、大学選択の決め手になるのは難しい。一方の地方私大では、入学金と授業料が国公立大の標準額程度に減額され、大学自体の社会的な評価が確実に上昇していれば、十分に競争力が生まれる。

第三に、地方私大でも、意欲的で優秀な学生を確保できる環境が生まれつつあることだ。背景に有力私大の総難化現象がある。文科省は、私大に対して、指定された定員超過の上限を超えた場合、助成金の全額不交付というペナルティを科すこととした。そのため、有力私大の入試は軒並み難化している。ベネッセの示す偏差値では、早稲田、慶應の主要学部は80以上上と、極度の難関となり、地方の高校生が受験に二の足を踏む状況が生まれている。その下のいわゆるMARCHクラスも、今春の偏差値を02年と比較すると、明大経営が65→71、青学大経営が64→69、法政経済63→68、といった具合である。そのため、以前ならば首都圏の有力私大に合格したはずの学力レベルの受験生が、どこにも合格できない、という事態が広く発生している。

地方都市に住む受験生にしてみれば、さらにレベルを下げて大都市の私大に進学するか、地元の大学に留まるか悩むことになる。大都市圏の知名度の下がる大学への進学は、都会での生活費なども考えれば躊躇するところだ。地方私大ではこの2、3年、学力の高い入学生が増えたという話をよく聞く。なかには入学後も大都市圏の大学を再受験する者がいるかもしれないが、堅実で良心的な経営を続けてきた地方私大にとって好ましい環境となっている。これらの受験生を大学に留め、しっかり教育して社会に送り出すことによって、大学の評価を高める絶好の機会である。

さらに21年1月に予定されている新テストの影響も考えられる。テストが変わる前に進学先を決めておきたい、と多くの受験生は考えるはずだ。入試の総難化傾向のなかで、弱小私大の消滅元年となるはずだった18年度は、10年ほど前よりもかえって浪人生が増えるなどしている。20年春の卒業生たちは、浪人すると新テストを受験することになる。それを避けるとすれば、大都市圏の中位の私大で満足するか、地元の私大で手を打つかの選択を迫られることになる。

またその他にも、若年層の間では、大都市圏を脱出して地方に向かう動きがある。「住んでみたい街」の大きな要素でもある自然や文化的環境があれば、大都市圏よりも生活費も安い地方都市は、受験生を惹きつける余地がある。地方の受験生たちも、必ずしも大都市を目指すわけではない。冬の長い地方の高校生が暖かい地方で、逆に温暖な地方の高校生が寒冷地で4年間を過ごしたいという動機での進学先の選択もありうる。

浮かぶ地方私大の特徴

以下に四つの地方私大を紹介する。入学定員250人ほどの大学から1500人ほどと、規模も異なり、単科大もあれば、複数学部体制の大学もある。共通しているのは県庁所在地あるいはそれに準ずる規模の地方都市にあって、着実に学生を集め、学生を確実に教育し、学生を地域に送り出していることだ。

2人の学長

朝日新聞出版が発行している『大学ランキング』には、毎年のように入試難易度ランキングはもちろん、各種コンテストの入賞ランキングなど、さまざまなランキングが掲載されている。そのなかに「学長ランキング」があり、「尊敬できる、あるいは大学運営で手本にしたい学長」を全国の学長に質問し、得票数の多い二十数人を発表している。18年度版では、京大の山極壽一や、法政大の田中優子、早大の鎌田薫などと並んで、地方の小規模私大の2人の学長が選ばれている。
群馬県前橋市にある共愛学園前橋国際大（以下、前橋国際大）の大森昭生と長野県松本市の松本大の住吉廣行の両氏である。

大森昭生共愛学園前橋国際大学学長

前橋国際大は国際社会学部の単科、入学定員255名、開設は1999年と、新しい。松本大は、総合経営、人間健康、教育の3学部、入学定員420名である。2002年、総合経営学部200名の単科大として開設された。同じキャンパス内に入学定員200名のビジネス系短大もある。

地方私大の多くが定員割れに苦しむなか、いずれも地方都市にあって定員を確保しながら安定経営を続けている。両大学とも、地方国立大学に交じって、文科省の地方創生推進事業のプログラムに採択されるなど、最近では地方小規模大学のモデル校扱いもされている。2人には

住吉廣行松本大学学長

共通する点が多々ある。以下、4点ほど紹介したい。

　第一に、謙虚さである。地域社会のことをよく理解し、地域があっての大学であることをわきまえている。大森学長は「大学を運営しているというより、地域社会が必要としている教育・研究活動をしているだけだ」という。住吉学長は、松本大は、民度の高い松本の社会に支えられているのだという。長野県の公民館活動や松本市の地域紙の人口当たり発行数は全国1位の活発さである。松本市は92年以来、長らく小澤征爾らの率いるサイトウ・キネン・フェスティバル松本（15年より、セイジ・オザワ松本・フェスティバル）をホストしてきたほか、まつもと市民芸術館を中心とした市民参加の演劇、歌舞伎、オペラ上演など、文化活動も盛んである。学生たちが公民館など市民の集まる場所に派遣され、有意義な学習経験をし、それが地方紙などに報道され、地域の信頼に繋がっている。

2人の謙虚な姿勢は、節度ある大学運営にも表れている。前橋国際大はその規模からして、大学スポーツに力を入れる余地はなく、大学の教職員のエネルギーを地域との結びつきの強化に集中している。松本大では男子の野球部、女子のソフトボール部を、大学として強化指定している。しかし、選手のリクルート方針は明確である。在学中、競技活動に集中し、卒業後はプロや実業団で活躍したいという高校生を、学力を無視してまではとらない。あくまでも大学で学び、職業人として社会に出る意思があり、学ぶ能力のあるものだけを入学させている。

現在の女子ソフトボール部は、連続して全国大学競技大会でベスト8に入るほどの実力である。しかし卒業生たちは、すべて運動療法士などの専門資格を取得するなどしたうえで、職業人として社会に出ている。高校生の選手をリクルートする際には、競技指導者に卒業生たちの進路を説明しながら推薦を依頼するが、指導者たちは例外なく、その進路実績に驚くという。

第二に、風通しの良い組織文化を作り出していることである。大学には教務や就職などの組織があり、一般には教員によって構成され、職員が記録などのサポートに当たる。しかし前橋国際大では、教員と職員が対等の立場で、職員が責任者になる場合もある。形式よりは実質を重んじ、無駄な会議などを省き、機能的に動けることになっている。学部長に自ら名乗り出た教員は30代だ。前橋国際大では、ある教員が「この大学では学内政治を気にする必要がないので、仕事がしやすい」とコメントしていたが、とかく淀みやすい大学という世界では異例な環境を整えている。

松本大は、02年の開設以来、慎重に学部・学科の増設をしてきたが、計画についての透明性を確保しながら、学長はじめ幹部教職員の判断で進められてきた。松本大の住吉学長は、専門が理論物理学のためか、大学運営の姿勢も理論的である。松本市あるいは長野県が置かれている環境から、どのような学部・学科構成の大学が求められているのかを理詰めで考えながら物事を進めている。多くの教職員がその判断に納得し、実際に学生を集めることに成功している。入学者の約88％が県内出身者であり、就職先も多くは県内である。

第三に、フットワークの軽さである。2人とも、あまり学長室にはいない。多くの時間は、事務局に続くスペースで執務しており、学外からの問い合わせへの対応も迅速である。また地域の各高校の性格を知悉《ちしつ》しており、高校ごとにアプローチのあり方を選んでいる。最近は高校も何かと忙《せわ》しない。新年度の募集要項を職員が持っていっても、玄関先で「そこに置いていってください」と言われかねない。しかし学長が直々に赴けば、さすがに校長なりそれに準ずる者が対応することになる。「この高校の生徒を欲しい」と対象を絞って働きかける戦略を持っている。

前橋国際大の大森学長は定員割れに陥った時、市内と周辺の高校を訪ねて回って、教員や高校生たちの声を聴いた。高校生たちがどのような教育を求めているのか徹底的に調べた。その結果、開設した学部のカリキュラムが、いかに自己満足的なもので、高校生たちの方を向いていなかったか痛感させられた。5つのコースを設定し、高校生たちが将来の目標に向かって学ぶ道筋を明らかにしたカリキュラムを組み、地域の高校生たちの支持を得ることに成功した。現在は入学者の89％が県内出身者であり、就職先も県内の官公庁、教員、企業が多くを占める。

両校とも中長期的な展望を持ちながら慎重に改革を進め、確実に教育効果を挙げて地域の評価も上昇している。学内外での多様な教育活動によって学生を育てることに力を注ぎ、前橋国際大では、海外での厳しい研修に耐えた学生のなかにはＴＯＥＩＣスコアが９００を超える学生も生まれている。

第四に、自らも含めた教職員と学生を甘やかさない姿勢である。前橋国際大では、教員の採用に当たって、採用後は地元に居住することを求めている。地域の動向に敏感になってもらうためである。松本大では教員の研究活動が年度単位でよくわかるようになっている。

これらの大学の学生の多くは、高校までに何らかの教科分野で躓《つまず》きを経験している。それなりに知名度のある大学に入学した者は、進学しただけで満足してしまうかもしれないが、地方の大学に進む受験生は、「大学で挽回したい」と考えている者が多い。前橋国際大が「ちょっと大変だけれど実力のつく大学です」をキャッチフレーズにし、松本大が「帰納法的教育手法」と呼ぶ、地域連携を前提とした現場経験を踏まえた学習を強調するなど、両校は、学生たちが着実に学びを重ねていく教育を提供しようとする姿勢が共通している。

共愛学園前橋国際大——ミッション系女子教育からの脱皮

前橋国際大は、同志社の創立者である新島襄の弟子たちによって1888年に女子教育を目的として開設された英学校を起源とする。戦前は女学校を、戦後は女子中学・高校を運営し、多くの卒業生を送り出してきた。01年には共学化し、16年には小学校を開設している。卒業生の間には、自分の子どもも共愛学園に入学させる「共愛ファン」と呼ばれる熱心な支持者も少なくない。

高等教育では、1988年に女子短大（国際教養科）を開設し、99年に国際社会学部のみの共学の四年制大学に改組した。しかし、地域の「共愛ブランド」を過信した四大転換は裏目に出る。初年度こそ定員を充足したが、翌年度には早速、定員割れに陥った。学科名、学部名からも想像がつくように、高校生にとっては短大の焼き直しのカリキュラムに見え、あまり魅力的ではなかったのだろう。徹底した高校現場のリサーチなどに基づいて、高校生たちにわかりやすいコース制を取り入れた。現在は、国際社会専攻の英語、国際、情報・経営、心理・人間文化と地域児童教育専攻の児童教育の、計5コースが用意されている。また、改革と同時に、学生たちからの信頼の篤い教員が学長に就任した。

この大学がもっとも重要な教育目的としているのは、社会に出るうえで学生たちに必要な能力を確実に付けさせることに置かれている。入学時の学力確認から、在学中の学内外に用意された多様な教育プログラムと在学中の学生を見守る体制、最終的に就職選択の丁寧な指導と、一貫して厳しさとともに温かく見守る目を持った指導体制である。

定員割れした際にも、日本語学校に留学生紹介を依頼するような安易な道は選ばなかった。奨学制度などを整備して教育可能な学生を丁寧に集め、4年間の教育によって、学生たちの自己実現を支援し、結果的に学生の満足度の向上、地域の見る目の改善を得て、学生募集はV字回復した。現在も入学時の学力チェック体制には緻密な設計が行われている。

19年度入試では、学力を問わない入試として、とかく問題を指摘されるAO入試枠はわずか数名に抑え、しかも基礎学力検査を課している。255人募集のうち推薦入試により最大で80人程度を入学させる予定であるが、英語コースでは英検2級、その他のコースでは英検準2級程度などを応募資格としており、その他、65人程度をセンター試験利用者枠としている。一般入試の定員は約55人である。

実用英語2級取得者には初年度の授業料を全額免除するなどの特典を与えている。実用英語2級は200点満点のセンター試験の英語で150点程度とされるから、英語に関していえば75%の得点率となり、地方国立大の教育学部の合格ラインかそれを超えるレベルである。このような丁寧な学生募集方法が教育の効果を高める条件となっていることは間違いない。

大学が「グローカルな人材」の育成を基本方針に掲げていることから、学生たちは地域だけでなく、海外でのさまざまな経験をしながら育っていく。実際に在学中に海外研修プ

左から大森愛夏さん、横坂真優さん、箕輪功大君

ログラム参加者は43%に達する。以下、学生たちに、前橋国際大での学生生活の経験を語ってもらおう。

学生インタビュー

群馬県の中学校教員（英語）に採用の決まっている横坂真優さん（4年生）は、県北の県立女子高の出身である。英語の教員志望で地元国立大の教育学部を第一志望にしていた。しかし、高校三年の冬に受けたセンター試験の出来がいまひとつだった。前橋国際大ならば、彼女の持つ英語検定資格によって、授業料の減免が受けられるという情報を得た母親にリードされるかたちで、願書の取り寄せから応募、入学許可の段取りがあっという間に整ったという。児童教育コースの学生として入学が認められた。

彼女の英語能力は教員から高く評価され、一年生の夏休みには早速、隣接自治体のアメリカの姉妹都市への中学生派遣事業の引率補助員に推薦されて参加している。さらにオーストラリアの小学校での教育実習など、英語圏でさまざまな体験をする機会を得ながら、小学校教員免許と中学校の英語の教員免許を取得した。

「小学校に英語教科が導入されるので、例年より多めに採用されたのでは」と謙遜するが、彼女の同期の４人が県の中学英語教員に採用されている。群馬県は小学校と中学校の教員の交流人事を盛んに行っているので、彼女の最初の赴任校は小学校になるかもしれない。しかし、彼女には小学生の指導経験もあるので十分に対応できるだろう。

彼女は、海外経験だけではなく、商店街の活性化事業にあたっている地元のＮＰＯ組織の企画で、小学校３年生から６年生までを対象とする学習支援活動にも参加する機会を得ている。横坂さんは、教育実習中に大学の先生が現地指導に来るのは当然だと思っていたが、他の大学では必ずしも、それが常識でないことを知って、自分の大学生活が恵まれたものであったことを、改めて感じたという。

箕輪功大君（４年生）は、大学のある市内の私立高校の出身である。国際コースの学生として入学した。箕輪君は長期のインターンシップを経験している。前橋市役所に4カ月半、週4日、通った。4カ月半という期間は、職場がどのように動くのか、部門によって職員の動きがどう違うのかなどを理解するには十分な時間だったようだ。部門による職員の肌合いの違いまで感じとったという。

彼は市役所職員の仕事にも魅力を感じなかったわけではないが、採用されても、いろいろな部門に回され、必ずしも自分の希望する分野の仕事をさせてもらえるわけではないと考え、地元の自動車部品メーカーへの就職を決めている。国際競争力のある企業で、中国に工場建設を予定していて、第二外国語で中国語をとっていたこともあり、自分が活躍できる企業だと考えたという。在学中は、不登校などの子どもを指導する地元の教室の手伝いなどのボランティア活動も経験している。

前橋国際大では、教職員との距離が近いために、インターンシップの期間中に、実習中の企業や官庁からのフィードバックを受けて、学生たちへの指導が細やかに行き届く。そのなかで、実習先からの中間的な評価を伝えられながら、教職員からは、頑張っていることを認めてもらえたという。箕輪君は、「そのような環境がとても良かった」という。

大森愛夏さん（4年生）も、国際コースの学生だ。隣の伊勢崎市の公立高校出身である。

前橋国際大に入学した経緯について、「あちこち大学を落ちまくった」と明るく話す。持ち前の明るさと本人のいう「根性」強さから、英語には自信がなかったものの、1年生の時に、タイのバンコクに滞在して、ビジネス現場を経験する「ミッションコンプリート研修」に参加した。3人一組で初めて滞在する都市で公共交通手段を使って移動しながら、レポート作成とプレゼンテーションを行う研修である。

「1年生で参加してよかった」という。「上級生で参加すれば、下級生の世話もしなければならないが、1年生だったから、多少は楽だった」という。それでも、日系レストランのメニューについて、現地の人の意見を聞きながら改善の提案をする、という課題を一日でこなす体験をしている。彼女にとって、外国で英語を使って仕事をするという貴重な経験となった。

彼女は地元でも、住宅関連企業で4カ月半、週4日のインターンシップを経験している。最初のうちは何をしていいかもわからずに不安だったが、周りを観察しているうちに、次第に自分のやるべき仕事も見えてきて、さらには、職場の人間関係まで見えるようになったという。彼女は事務用品を扱う商社で営業の仕事に就くことになっている。事務職を希望する女子学生が多いなかで、あえて積極的に営業職を選んだ。大学生活でビジネス現場を経験したことが、彼女の自信に繋がっている。

松本大——地方私大のお手本

松本大学は1898年、慶應義塾で学んだ木澤鶴人が、地元の人材育成のために開設した学校が起源になっている。53年に松商学園短大を開設している。その後、松本西郊の現在地に移転し、2002年に隣接する敷地に総合経営学部の四年制大学を開設して現在に至っている。経営に「総合」を加えた最初の時点で、地域に必要とされる分野の学部を増やしていくことが予定されていた。07年の人間健康学部、17年の教育学部の増設というかたちで実現している。

人間健康学部では、健康栄養学科は、管理栄養士の資格を基礎にしたカリキュラムで、臨床栄養、スポーツ栄養、フードデザイン、食品安全の4つのコースに分かれる。それぞれ、介護関連、栄養教諭、フードコーディネーター、健康食品管理士などの副次的な資格の取得も可能である。スポーツ健康学科は、予防医学・健康づくり、ヘルスケア・スポーツビジネス、学校体育・健康教育の3コースに分かれる。それぞれ、中学・高校の保健体育教諭、養護教諭などの免許取得を可能としている。

教育学部はまだ完成年度になっていないが、小学校教論一種免許および特別支援学校教諭一種免許、中学校教諭一種免許（英語）、高等学校教諭一種免許（英語）の取得を可能としている。県内に小学校教諭免許を取得可能とする大学は国立信州大しかなく、所在地は長野市であるため、松本大に教育学部が開設されたことにより、中南信地区の高校生にとって、小学校教員を含む教職への道が提供されたことになる。

入学者管理が丁寧に行われているのは、前橋国際大と同様である。学力の底が抜けないように注意深く設計されている。総合経営学部では、170人の募集人中、約85人を推薦入試で入れ、AO入試が16人となっているが、それぞれ筆記試験を課す。約50人を一般入試でとっている。人間健康学部では、約4割を一般入試とセンター試験利用による判定で入学させている。とくに健康栄養学科での学習には、より基礎的な学力が求められるからだ。いずれの学部でも一般入試あるいはセンター試験入試の学生の成績優秀者には学費の減免を適用している。

松本大では、アウトキャンパス・スタディを学生たちの学習の重要なテーマのひとつとしている。地元のさまざまな団体や公民館活動などからの依頼の窓口として「地域づくり考房『ゆめ』」が設置されている。学生たちは授業や課外活動で地域の人々と接する機会

松本大が協力して開発した食材を利用した食品

を多く持つ。大学の地域連携は盛んに唱えられているが、松本大はしっかりとしたポリシーを持って管理されている。例えば、地域の行事に人手が欲しいだけと判断されるような申し出は、学生にとって意味のある学習経験にはならないとして遠慮してもらう。

松本大は、地域の意欲的な企業や経営者とタイアップして起業を支援するとともに、卒業生の就職先を開拓するなど、地域社会と密接に繋がっている。県内の高原にある家族向け大規模ホテルと松本大の研究室とがタイアップして、少子・高齢化社会を見据えた中高年齢層向けの宿泊プログラムを開発している。一週間ほどの滞在期間中に、体力測定などを受け、食生活のアドバイスや日常的な運動のエクササイズの指導を受けるというものである。経営者の目から見ても、在学中に多様な実習経験をしている松本大の出身者は、スムーズに仕事に入っていける人材だという。

写真は、安曇野地方の特産物であるワサビの、従来は捨てられていた葉の部分を食材として利用した商品である。その方法を開発したのは松本大の人間健康学部の研究室だ。その他、地産地消をテーマとした学生参加の食品開発、高齢者向けの健康体操指導あるいは学内施設を使って定期的に行われる子ども向けのスポーツ行事など、地域に溶け込んだ活動から、松本大はすでに地元には欠かせない大学となっている。

松本大での学びの様子を、学生たちに語ってもらおう。

学生インタビュー

人間健康学部健康栄養学科の黒岩明希さん（4年生）は、北信地方の県立高校の出身である。管理栄養士の資格をとって、社会に出ることを希望して入学した。長野県内に管理栄養士の資格を取得できる大学は、18年に県立長野大ができるまでは、松本大しかなかった。黒岩さんは東京都や愛知県の大学も見学したうえで松本大を選んだ。小規模で教員と

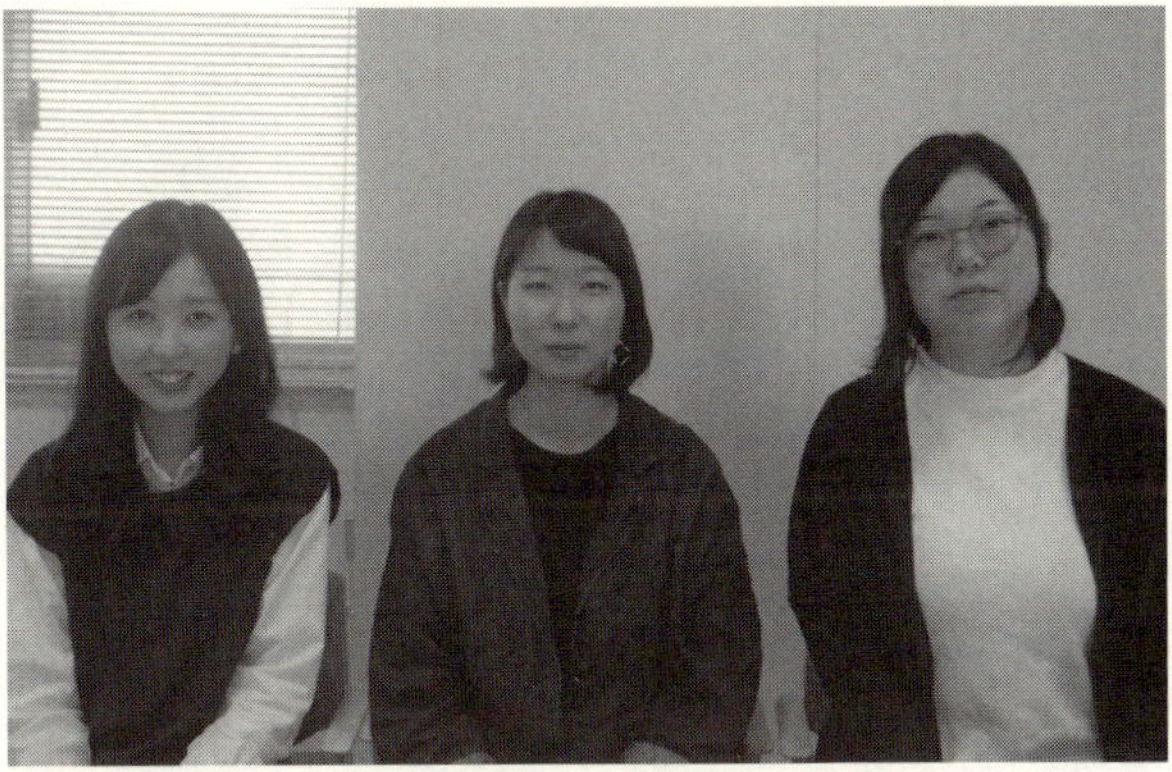
左から黒岩明希さん、竹村絵梨さん、柴田文さん

の距離の近さが魅力だったという。

黒岩さんが管理栄養士を目指したきっかけは、家族が入院した際に見た管理栄養士の仕事だったという。入院患者たちの健康状態から献立を考える、人の役に立つ仕事が魅力的だったという。しかし、彼女は大学在学中に、さまざまな学内外の行事で、年齢、性別、職業などの異なる人たちと接する機会があった。そのなかでもとくに食生活の啓発を目的とする地元住民向けの寸劇に参加した際、親と子の反応に手応えを感じ、管理栄養士の仕事には、一般の人々を対象とした食生活に関する啓発活動もあることに気付き、県職員の道を選んだ。結果的に15倍の倍率を乗り越えて県職員に採用されることになった。

「一次試験（筆記）の出来はあまり自信がなかっ

たけど、二次試験の面接は余裕がありました。在学中にいろいろな年齢層の人と接する機会があったから、面接試験でもそれほど緊張しなかったのだと思います」と語る。また年一回、9月末に、地域住民の希望者を対象に開催される、人間健康学部の「一日限りのレストラン」では、総料理長を務めたという。一日二回、計80食を提供する大掛かりな企画の責任者を務めたことも黒岩さんの自信になったに違いない。

小学校教員を目指している宮澤和可奈さん（2年生）も、北信地方の県立高校出身である。センター試験の手応えが不十分と判断した段階で、松本大を志願することにしたという。「第一期生として大切に育ててもらえるとも考えた」という。入学後の学生生活は、その期待を裏切らなかった。松本大では、4学年までが揃う前の段階で、すべて必要な教員を揃えるなど、学生の指導体制は万全である。宮澤さんも、タイトな時間割に追われながら、充実した授業に満足しているという。

彼女もさっそく地域に出ていき、大人の世界の洗礼を受けたという。大学の行事の準備で、地元の企業に協力をお願いする仕事を引き受けたが、依頼すべき内容の詳細について十分に整理していなかったため、訪問先でその準備不足を厳しく指摘されたという。しかし、そのような経験も、小規模クラスの学友たちに話をすることで客観視でき、自身の成長の一歩になったという。

スポーツ健康学科の竹村絵梨さん（4年生）は中信地方の県立高校出身である。養護教諭の資格を取得して長野県の教員採用試験に合格し、卒業後は県立高校に配属される予定である。竹村さんは、「在学中に社会人を含めて、いろいろな人たちと接する機会があり、自分なりに社会を理解したと思う。社会に出る前の多感な時期の高校生たちの成長を助ける仕事に魅力を感じた」と、落ち着いて答える。さらに、採用試験の面接試験については、「学内で事前に練習する機会もあったが、あまり丁寧な指導を受けると、実際の場面で、かえって不自然な動きになりかねないので、あまり練習しなかった。今までもいろいろな年齢層の人と触れ合う機会があったから、面接ではそれほど緊張することもなかった」という。

学科開設直後には、学科名に「スポーツ」という文字が付いているため、競技生活に集中する学生生活を送れると考えて入学する学生もいた。しかし、カリキュラムはしっかりと運動生理学など、理論や実習が組み込まれている。競技者として実業界スポーツを目指すような学生はほとんど入学しなくなり、竹村さんの学年には1人もいないという。健康運動指導士などの資格をとって、関連の企業や病院などへの進路を選択する学生が多い。

総合経営学科の大平菜美加さん（3年生）は、南信地方の県立高校出身である。同じキャンパスにある松商短大部からの編入生だ。高校進学の際に「手に職を」という両親の意見に従って商業科を選んだ。しかし卒業する段階で、金融関係の企業に就職するには短大を出る必要があることがわかり、短大に入った。しかし短大で高校とは別次元の商業科目の面白さに気付き、商業と情報の教員免許をとって、学校の教員として教えたくなった。松本大は、その両方が取得可能だったことから、迷わず編入したという。編入の相談に乗ってくれたキャリアセンターの職員が、今でも見かけると声を掛けてくれるような教職員との近さもあって、編入生でありながらも、大学には居心地のよさを感じているという。

同じように総合経営学部の柴田文さん（1年生）は、南信地方の県立農業高校の出身である。絵をかくことが好きで、進路を迷っていたところ、いろいろな資格がとれる松本大への進学を、先生に勧められたという。現在は、社会福祉士を目指して学んでいる。「地域づくり工房」の学生スタッフに登録し、絵心を買われてポスターの図案作成に加わるなど、学科外活動も充実した学生生活となっているという。

金沢星稜大——どん底からの復活

住民にも公開されている学習スペース

金沢星稜大を経営する稲置学園は、昭和初期に設立された珠算簿記学校を起源とする。戦後、女子商業高校を開設し、さらに63年には共学化して星稜高校とし、サッカーや野球の強豪校として知られる学校を経営してきた。67年、経済学部の単科大学として金沢経済大学を開学している。

開設以来、入学定員を250人から350人にまで段階的に増やし、86年からの空前の受験ブームとなった時期には、広く県内外からの受験生を集め、94年には志願者が5000人近くまで達した。ところが、受験ブームが終わると、志願者は潮を引くように失われていった。90年代の末には、オープンキャンパスの来場者が100人そこそこしかない有様となった。00年には受験者が761人となり、04年には556人しか受験せず、実質的に全入状態に陥り、付属高校からの学生と日本語学校から紹介された留学生ばかりになるという事態に追い込まれた。

学生の質は下がり、地域の評価も地に落ちた。副学長は、当時、ある場面で受けた衝撃を忘れないという。新入生向けの数日間の履修ガイダンスの後、教室に最後に残っていた新入生に、「僕、明日からどうすれば良いんでしょう?」と聞かれたという。「これはまずい、どうにかしなければ」と思ったという。そこから学長と教職員が協力し、カリキュラムの見直しや、就職や資格取得に向けた個別指導など、学生を丁寧に育てることを心掛ける改革に着手した。

しかし改革が順調に進められたわけではない。02年に大学名を現在の名称に変更、学科改組、1年次に基礎ゼミの導入、地域連携センターの設置などの手を打ったが、いずれも、思いついた手を打ったという程度で、受験生を集めるには不十分であった。05年から改革の第二弾を打ち出す。「教員が汗をかく教育大学」を合言葉に、学生にも教職員自身にも厳しくすることを確認した。建学の精神は「誠実にして社会に役立つ人間の育成」である。目標としたのは、学生たちに確実に実力を付けさせて、就職させることであった。入学生の地元占有率は70％程度であるが、隣接する富山県の高校にも積極的に募集活動をしているので、2県をあわせれば八十数パーセントとなる。就職も多くは地元である。

金沢星稜大の場合、就職に不安を持つ受験生にアピールするために、ただ就職率の良さを強調するだけにはとどまらなかった。「実学」を伝統とする学校の初志に立ち返ったことで、大学の4年間で社会に通用する能力を持った学生を送り出すための教育の充実を図ったのである。そのために開設したのがキャリア・ディベロップメント・プログラム（CDP）である。学内で各種の資格、就職対策の講座を受講できる仕組みである。

CDPには、公務員、保育士、教員、会計のコースを設け、成績上位者には受講料の減免、最終的に採用試験や資格試験に合格した者に対しては、合格報奨までのインセンティブが用意された。語学資格試験のレベルなどによって補助金の額を変えるなど、学生の意欲を引き出す仕組みは、海外留学プログラムにも取り入れられた。これらのプログラムの効果はすぐに表れ、第二弾の改革初年度に入学した学生の卒業時には、資格取得や就職で目覚ましい成果を挙げた。09年には志願者は一気に1300人を超え、13年には2000人を超えるというV字回復を遂げた。

地方私大の環境として、地域の見る目は厳しいが、大学の真摯な姿勢と学生の変化は、

【図5-1】金沢星稜大　4大・短大の入学定員・志願者数・入学者数の推移

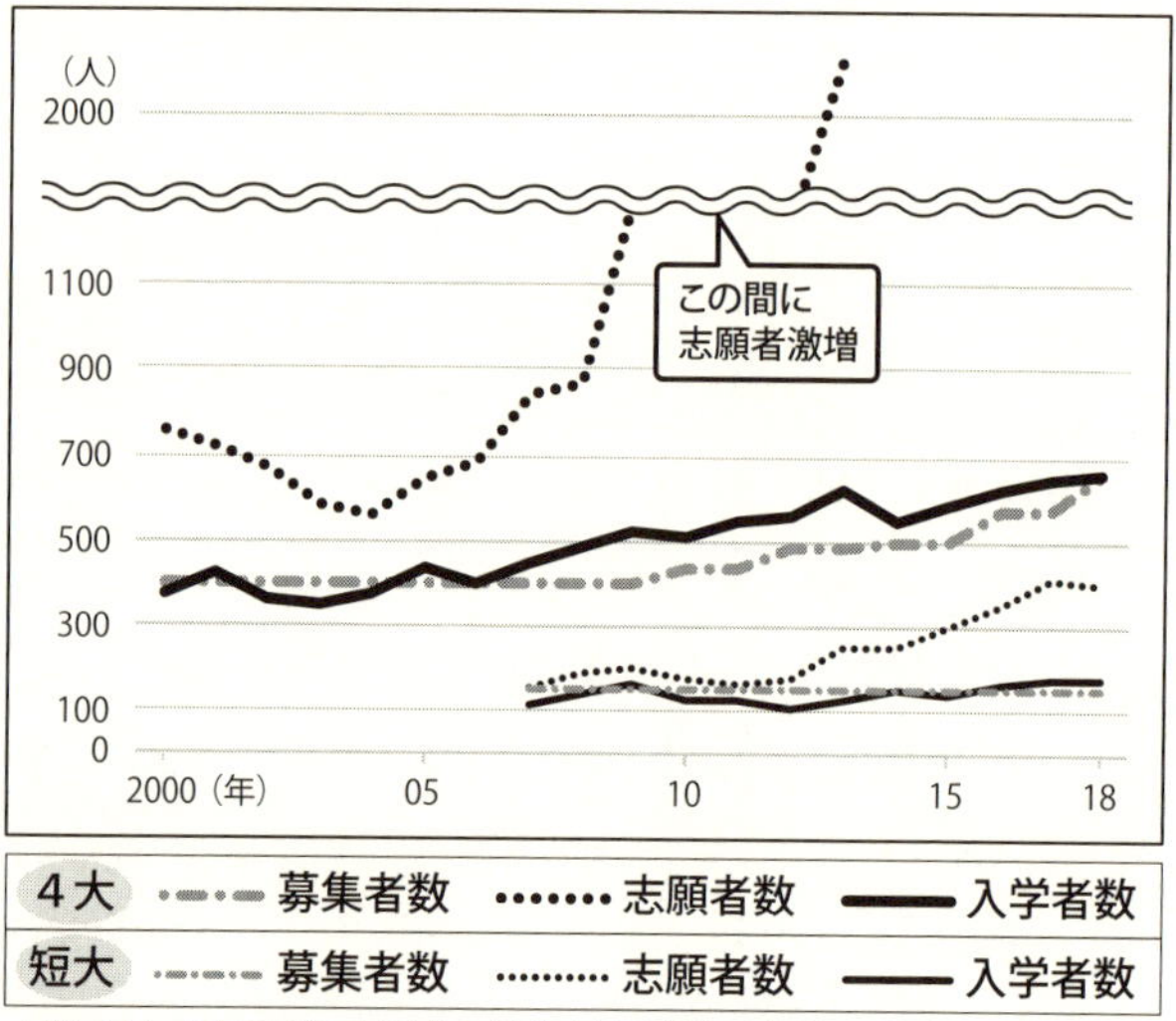

大学・短大の志願者と入学者の推移（志願者数は複数回受験をカウントしているので、受験者実数ではない）

すぐに大学評価の改善に現れる。ある学生の保護者は以前の大学のイメージから、自分の子どもが金沢星稜大に入学したことを、不甲斐なく思っていたという。ところがその学生が、4年生になって公立学校の教員採用試験に合格した。保護者はそれ以来、熱心な大学の支援者となったという。CDPの教員プログラムを受講して教員になったのは、10年から17年までに、147人（うち小学校128人）に達している。同じく公務員採用試験には08年から17年までに275人の合格者を出している。

受験生が戻り、学生の質が向上し、小中学校教員や地元有力企業に採用される卒業生が増え、さらに優秀な学生が集まるという好循環に入るまでに何年も要しなかった。とくに意欲的な女子学生が増えたことで学内が明るくなったという。04年に13・2%だった女子学生の割合は、10年には40・4%までになった。女子学生を集めた大学が、競争のなかで浮かび上がる様子がここでも見られる。

その後、07年に人間科学部にスポーツ学科とこども学科を新設、10年には経済学部の現代マネジメント学科を経営学科に名称変更、12年にはキャリアデザイン館とメディアライブラリーの新校舎を完成させ、同年に経済学部経済学科の収容定員の増加、14年には人間科学部こども学科の収容定員を増やし、16年に人文学部国際文化学科新設と、学部・学科改編と定員増を順調に進め、18年度の入学定員は、経済学部452人、人間科学部151人、人文学部75人の計678人の中規模大学に成長している。

金沢工業大——地方私大の優等生

金沢工業大（以下、金工大）は、電波学校を前身として、65年に工業の単科大学として開設された。現在の入学定員は1480人、04年には環境・建築学部と情報フロンティア学部を新設、さらに08年にはバイオ・化学部を新設した。その後も、学部・学科の小規模な改組を行っている。近年の定員充足率は常に110%台を維持している。官尊民卑の意識が強い地方の高校でも、生徒の金工大への進学に対しては、多くの教員が肯定的だ。学生を厳しく確実に教育し、就職もほぼ完璧だというのが、一般的な評価である。

大学は金沢の中心地からバスで30分程度の郊外にある。広い敷地はよく整備され、図書館以外にも、さまざまな建物に、学生が個人あるいはグループで自主学習できる自由なスペースが置かれていて、静かな環境のなかで学んでいる。学生たちには授業を含めて年に300日間、学習させることを目指しているという。学生たちの熱心に学んでいる姿が目に付く。

大学の特徴

この大学の高等工業教育機関としてのポジションを理解するには、以下の数字を読解すればいいだろう。入学定員1480人、就職率99・9%、偏差値37・5~45・0（河合塾）、4年卒業率（入学後、学部を4年で卒業するものの割合、過去5年間平均）約76%、大

広々としたキャンパスの一部

学院進学率13・4%。

まず地方都市にある工業大学としては全国で最大の学生数であり、入学者の約45%が北陸3県からである。また就職先も約35%が3県である。その他の就職先には愛知県や大阪府が目立つ。入学者の9割程度は何らかの学力テストを受けて入学しているので、学力的に極端に問題を抱えている学生はいないだろうが、偏差値からいえるのは、工学を学ぶために必要な高校の物理や数学の学力が不足している学生が相当数いることだ。

金工大は、受け入れる学生の学力レベルも正確に把握して、必須科目で、ベクトル、三角関数、微積の基礎から始めて微分方程式に至る、工学を学ぶ学生が高校で学んでくるはずの学習内容を必修化している。この大学のカリキュラムは、エンジニアリングの最低限の基礎まで持って行くようになっている。また、入試科目に理科科目を課さない入試も実施しており、1年次に「基礎物理」や「基礎化学」の科目も用意している。

金工大は、4年間での卒業が4分の3程度で、かつ中退率は低く(3・6%程度)、学生を厳しく指導している様子が見える。工学分野の就職では、修士課程修了が研究開発職の基本となっているから、大学院進学率が10%台前半、それもほぼ全員が学内進学ということは、基本的に現場の中堅技術者の養成を目標としていることを示している。

このことは、キャリア教育にも現れている。キャリア教育科目の目的として、入学直後から「技術者としての将来像を描く」ことを挙げている。2年次と3年次の目標はそれぞれ、「技術者としての心構え、キャリアデザインの明確化」、「専門の内容とキャリアの結びつけ、目指すキャリアの決定」となっている。大学の目標としては「個性豊かな技術者・研究者を育成します」を掲げているものの、現状は、技術者養成の側面が強く、研究開発者の養成を主要な目標にはしていないようだ。

教育の特徴

ゴールデンセブンが終わり、18歳人口の減少が確実になっていた95年、当時の新しい学長は、教育実践目標として「自ら考え行動する技術者の育成」を掲げ、技術者養成の方向を明確化した。教員も半数程度は企業の研究所から迎え入れている。大学で博士課程を修了した研究志向の人よりも、企業の生産現場により近いところで研究に従事していた者を集めたのである。16年からは、「プロジェクト・デザイン教育」を掲げて、より実践的な学習活動を強調するようになっている。

現在のカリキュラムでは、1年生の前期の「プロジェクト・デザイン入門」から始まる授業は、4年生の「プロジェクト・デザインⅢ」まで続く。1年生の段階では、グループ単位で日常生活の中での疑問を取り上げ、どのような技術的な解決法があるかを考えさせながら、実験の技術や知識を学んでいく。2年生になると、アイデアの具体化の作業に移る。教室内で口頭発表するほか、学外者も招いてポスターセッションのかたちで発表させる。優秀なグループは表彰される。3年次の後期に取り組んだテーマに従って、4年次に所属するゼミ（研究室）が決まっていく、という段取りで、この科目が4年間を通した学習の軸となっている。

金工大は、18歳人口の減少期を迎える度に、教育改革を行ってきたように見える。第一弾は、95年の新しい教育目標の設定であり、より実践的な技術者教育の方向性を示したことであった。卒業生は就職先でも高い評価を得て、大学は安定した志願者の獲得を実現した。さらに18年からの18歳人口の急減期を控え、16年からは、プロジェクト型の授業を教育の柱のひとつとして設定して、より現場的な雰囲気のなかで実践的な力を付ける教育を強調している。

しかし、技術革新のスピードは速まり、生産現場の省力化も進んでいる。金工大は今後、基礎学力に不安のある学生をも対象とした底上げ型の教育を基本として維持するか、学部入学定員を多少とも絞って、より基礎学力の高い学生を集めて、大学院教育を充実させていくか、難しい判断を迫られることも考えられる。

なお、国立金沢大の理工学域の大学院進学率は65・5%で、その内の約8・5%が他大学大学院への進学である。金工大としても、教育・研究のレベルを上げたいはずだ。次の改革では、どのような方向性を打ち出していくのか、注目される。

地方私大の課題

ここで取り上げた4つの地方私大は、それぞれ開設時期が異なる。金沢星稜大と金工大は60年代で、すでにそれなりの紆余曲折を経てきている。前橋国際大と松本大は00年前後と新しい。金沢星稜大と前橋国際大は、一時期は定員割れに直面し存続の崖に立たされ、その後V字回復した点で共通する。金工大と松本大は、両者とも計画的に拡張を重ねながら安定した大学経営を続けてきている。

立て直しが必要だったケースも含めて、これらの大学に共通しているのは、必要なタイミングで行動した学長とそれをサポートする教職員の存在である。大学が新しく動く時、明確な方針が示され、必要なリソースが確実に手配され、計画を実行に移す過程が、すべての教職員に見えていることが必要である。金沢星稜大では改革策を実行する際、有能なスタッフを重点化したセクションに集中させ、新規プロジェクトを成功させた。学長の決断した内容が、全学的に共有されたことによって物事は効率的に進む。

また地方私大は高校生と保護者あるいは地域住民との距離が近い。日常的に見る学生の姿を通じて、良くも悪くも大学の姿勢は、周囲から常に観察されている。学習意欲の低い学生も集めて、漫然と運営している大学には、それなりの学生しか集まらないし、少子化が進むなか、真っ先に定員割れに見舞われるだろう。

地域でどのような教育・研究が求められているかを把握し、ニーズに応じた教育を提供して学生たちを送り出す努力をする大学は、地域の人々に必ず評価され、学生たちが集まる。大都市圏の大規模大学が大型客船だとすれば、地方小規模大学は、小型の帆船に例えられるかもしれない。風向きを掴んで帆を正しく操作すれば走り出す。ここに紹介した大学を観察すると、惰力で動いている大規模大学とは違ったダイナミズムを感じることができる。

第六章

浮かぶ短期大学

短期大学は、90年代半ばにピークを迎えた。93年に入学者数が23万6000人、96年に学校数で598校となった。しかし17年春には、それぞれ5万3000人、337校にまで減っている。17年度の分野別学生数は、保育・幼児教育の37・6％と家政の18・5％の2つが相変わらず支配的だ。しかし、定員充足率を見ると、また違った状況が見えてくる。（下表）

教育系の定員充足率の84・4％は、家政系の83・7％と並んで、もっとも低い分野である。これらの数字は、志願者の減少に定員の削減が追い付いていないことを意味する。少子化が進行し、志願者の減少は予想されていたが、多くの短大は幼稚園経営と一体化しており、小回りが利かず、身動きがとりにくい。それが幼児教育学科の定員過

【表6-1】短期大学分野別減少率および定員充足率

分野	1993年	2018年	増減率	18年の定員充足率
計	240,916	54,598	-77.3%	88.1%
人文	65,507	5,316	-91.9%	107.5%
社会	31,912	5,016	-84.3%	91.1%
教養	8,593	1,172	-86.4%	101.9%
工業	10,766	1,315	-87.8%	84.3%
農業	1,813	558	-69.2%	
保健	10,063	3,666	-63.6%	94.2%
家政	59,960	10,575	-82.4%	83.7%
教育	38,339	21,172	-44.8%	84.4%
芸術	10,833	1,832	-83.1%	88.0%
その他	3,130	3,976	27.0%	91.0%

出典：文部科学省『学校基本調査』、充足率は「平成30年度　私立大学・短期大学等入学志願動向」

剰の理由であろう。家政系も取得資格などの点からも、四大志向が強まっている。教育系と家政系は、今後も縮小していくことが避けられない。
福祉分野は人材の大幅な需要が見込まれたため、四大も含めて学部・学科の増設が続いてきたのだが、厳しい労働条件や低賃金が知られるようになって、志願者の減少に見舞われている。政策の失敗に振り回されたともいえるが、大学経営者たちも、先を見通した中長期的な展望を持っていれば、避けられた事態でもあった。

【表6-2】短期大学分野別大学編入学率(2018年度)

分野	卒業者数	大学編入者	比率
計	54,598	4,937	9.0%
人文	5,316	1,221	23.0%
社会	5,016	551	11.0%
教養	1,172	127	10.8%
工業	1,315	349	26.5%
農業	558	247	44.3%
保健	3,666	203	5.5%
家政	10,575	562	5.3%
教育	21,172	1,017	4.8%
芸術	1,832	332	18.1%
その他	3,976	328	8.2%

出典:文部科学省『学校基本調査』

減少率が大きく、入学定員の絶対数も5000人余りまで縮小している人文系は、107・5%と定員を充足している。卒業生の4人に1人近くが大学へ編入学し、四大進学のバイパスとして利用されている様子が見てとれる。これらの短大は地域によっては、四大編入学のルートとして、今後もある程度以上の学力レベルの受験生を集められる。

また規模は最盛期の16％以下にまで縮小しているが、定員充足率、志願倍率とも上昇傾向にあるのが社会系である。全体では91・1％の充足率であるが、経営情報および商学は、それぞれ充足率が119・6％、98・2％と、社会系のなかに含まれる福祉分野（充足率60〜70％）を外せば、もっとも充足率の高い分野となっている。

しかもこの分野の大学への進学率は11％に留まり、大部分が就職している。短大本来の完成教育の役割を果たしているといえる。地方では、大都市圏あるいは地元の四大進学の経済的な負担を避け、短大に進む優秀な受験生も女子を中心にして、少なくない。そのことを理解している企業は、短大からの優秀な人材を定期的に採用するため、これらの短大卒業生の就職状況は概ね良好である。

生き残っている短大は、確実に地域社会のニーズを掴み、良心的な教育から信頼を確保している。定員割れに喘ぎながら沈んでいく四大よりも、確実に浮かび上がっていることがわかる。その例をいくつかの短大に見てみよう。

北海道武蔵女子短大――地方短大の優等生

武蔵大の北海道在住の卒業生たちが、ゼミ教育で知られる武蔵大の教育の良さを生かした女子短大を、と地元有力者の協力を得て、67年に教養科のみで開設している。以来、74年に英文学科、95年に経済学科を増設するなど、着実に発展してきた。一般入試倍率は1・5倍程度を維持し、18年度の定員充足率は107・6%である。

大学の基本姿勢は、教養教育である。19年度入試の入学定員は、教養学科の200人、英文学科の120人、経済学科の80人の計400人である。在学者のほぼ全員が道内出身者であり、その約3分の2が自宅通学者である。3分の1は道内の遠隔地出身で、大学近隣でアパート生活などをしながら通学している。札幌圏での就職を考える女子学生にとっては大きなメリットだ。

17年度の卒業生では、約350人の就職希望者（卒業生391人）のうち、事務職113人、金融機関職員46人、総合職40人、販売職31人、航空関係29人、営業職16人、その他、ホテルや医療など、決定率は95%となっている。四年制私大の卒業生と比べても遜色のない就職実績である。大学が、2年間の学習で確実に就職させることを強調しているためか、四大へ編入学する者は、毎年10人ほどと、多くはない。指定校制度を利用して編入学するものもいるが、北海道大などに編入試験を受けて進むものもいる。

2年間の教育課程は充実している。教養学科では、日本および世界各地の歴史・文化、法律・経済と幅広い分野を学習することが可能だ。かつて四年制大学にあった教養課程の内実を充実させた内容といえる。そのうえ、2年次には約15講座ある専門ゼミナールが必修化されている。そのほかにも全学共通の受講料無料の資格試験対策講座が多く開設されている。

英文学科では、2年生で約9つの専門ゼミナールで集中的な学習をすることになる。大学卒程度とされる英語検定1級向けの演習も1年次に組み込まれている。また1年次の後期の全期間にアメリカ、イギリス、カナダの大学への留学機会があり、卒業単位に含まれて2年で卒業できる仕組みになっている。

経済学科は、経済学の基礎知識のうえに、金融、経営、1年次の春休み期間中には、数日間の企業実習の機会もある。就職対策講座として社会人基礎、航空業界、金融業界、公務員対策、簿記試験対策が用意されるという徹底ぶりだ。

北海道武蔵女子短大では19年度の入試で、AO入試と公募推薦入試を中止している。公募推薦を止めたことの意味は大きい。指定校推薦入試と一般入試（センター試験入試を含む）の、学力を問う入試だけで、定員の学生を確保する見通しがあるということである。

金沢星稜大女子短大部・富山短大——四大と一体化した短大

学校法人稲置学園は、76年に金沢経済大学を開設した直後の79年、地元の実業界からの要請を受けて、経営実務科のみの短大を開設した。定員は150名の北陸地方唯一の女子短大である。実務能力を身につけた女子を2年間で養成するというニッチ市場を確保する地位にある。

13年度までは定員未充足が続いていたが、四大がV字回復するとともに志願者が増え、16年以降は実質倍率が2倍前後となり、18年には定員充足率も120%を越えている。四大の滑り止めとして受験する受験生が増えたこともあるだろう。入学者の学力も向上している。しかし、四大への編入学は数名と少ない。編入学を考えていた学生も、短大入学後に短大教育のレールに乗ると、同級生たちと歩調を合わせて就職に気持ちが切り替わるのだと思われる。

就職に関しては14年度から、キャンパスを共有する四大が提供する資格取得プログラムのなかに、短大生向けの公務員、税理士、公立保育園などへの就職準備講座を開設するなど、対策に力を入れている。短大卒業生のなかにも優秀な学生がいることから、地元の中小企業のなかには、総合職として採用するものもあるなど、高く評価されるようになっている。短大の学長も兼ねる篠崎尚夫学長は、「4年を超える2年」を合言葉に、短大生たちを激励することを怠らない。

富山市の富山短大も、地元の実業界の要請を受けて63年に女子短大として開設されている。運営する学校法人は90年に四大を開設しているが、短大は存続させ、00年には共学化した。現在、3学科体制でその内、入学定員110人である経営情報学科は県内にYKK、北陸アルミニウムなどの製造業も多く、約60％が事務職に就くなど就職状況は良好で、安定的に学生を確保している。

松本大松商短大部――四大に先行する歴史ある短大

長野県は全国でもっとも短大進学率の高い県である。高卒者の9・2％が短大に進学する。女子だけをとれば、約16％となり、地元に四大が少なく短大進学率の高い島根県や秋田県よりさらに高い。なお、東京都は2％である。松商学園は53年に商業科の短大を開設した。その後、92年に経営情報学科を増設し、現在の入学定員は200名である。「商都松本」と呼ばれ、松本市は中南信地域の経済活動の中心都市であり、さらに精密機械工業が発達した諏訪地方にも隣接する。

短大の入学者の男女比率こそ、76年に女子が男子を上回るようになるが、開設以来、地元の実業界に多くの人材を送り出し、06年段階で卒業生はすでに1万人に達していた。戦後の松商学園高校の卒業生3万人を含めて、多くの卒業生が地元の企業経営に携わり、それらの企業が定期的に卒業生を採用してきた。そのため、「就職の松商」を誇ってきた。00年代の就職氷河期の時期にも、常に求人は1・5倍前後を維持し、入学志願者を確実に集めていた。

そのため、02年に四大を開設する際にも、短大はそのまま存続させた。18年度の定員充足率は109%である。ここでも、卒業生を採用する企業のなかに、短大に四大卒程度の能力を持つ学生がいることを理解し、四大と短大の双方に同じ求人をするものがある。現在の女子学生比率は約9割で、大部分が就職を希望する。大学編入学を目指す学生は数名であり、一部は、同大学の総合経営学部3年に編入学している。

松山短大——四大へのバイパスとして

愛媛県松山市にある松山大の歴史は、1923年に地元出身の関西で実業家として成功した新田長次郎が開設した商業学校から始まる。戦後の学制改革時には松山商科大学となっている。その後、52年に勤労者向けの商科短大を、夜間コースとして開設した。松山大は長次郎の雅号からとった松山大学温山会という同窓会を組織し、北海道から沖縄さらに海外まで支部を持ち、7・3万人の会員を擁している。松山大の強みが、この同窓会の支援も受けられる就職の状況の良さにある。一般入試の実質競争倍率も学部によっては5、6倍となっている。

短大の入学定員は100人で、定員充足率は100％を越えているが、その多くが、松山大を含めた四大受験に失敗して入学してくる学生である。入学定員の8割が一般入試に充てられていることにも短大の位置づけが表れている。男女比率は多少、男子の方が多い。卒業生は毎年、20人以上が松山大へ、さらに10人程度が他の四大への編入を果たしていて、四大へのバイパスとしての機能が大きい。

大都市圏の私大の多くでは、バイパス化した短大を改組し、四大の学部に引き上げてきた。19年には青山学院女子短大も募集を停止し、新学部に移行する予定である。しかし松山大の場合、すでに5学部、入学定員約1300人の規模となっており、地方私大としては、これ以上の規模拡大には慎重にならざるをえないだろう。入学定員を満たしている間は、短大を存続させるものと思われる。

短大の課題

経済や情報などの実務能力を養成する短大には、社会的に根強い需要があることを紹介した。しかし、どの地方でも、そのような短大が学生を集めて安定した経営が成り立っているわけではない。逆に学生集めに苦労している短大の方が数としては多い。紹介した短大は、おそらく札幌、金沢、松本、松山という、産業基盤のある地方の中核都市にあることが存立の環境となっているのであろう。しかし、地域社会の見る目は厳しい。少しでも教育が疎かになり、学生たちの学習の質が低下すれば、学生募集は目に見えて低下していく。地方の短大にとって、社会とはテレビや新聞の向こう側にあるものではなく、目の前の地域である。短大が生き残るためには、地域としっかり向かい合っていることが条件である。

第七章

迷走する大学入試改革

すべては教育再生会議の提言から始まった

現行のセンター試験に代わる大学入試をめぐって混乱が続いている。今回の入試改革は、首相官邸に置かれた教育再生実行会議が2013年秋に出した提言から始まった。その後、元慶應大学塾長の安西祐一郎を長とする中央教育審議会（中教審）に移され、一年余りの審議を経て14年末に「新しい時代にふさわしい高大接続の実現に向けた高等学校教育、大学教育、大学入学者選抜の一体的改革について」とする、最終答申が出された。答申を受けた文科省は高大接続システム改革会議を設置し、17年7月、「高大接続改革の実施方針等の策定について」（以下、策定）が発表され、「大学入学共通テスト」（以下、共通テスト）として、実施方法の具体的方針が示された。17年、18年にプレテストも実施され、21年1月には実施予定である。

中教審の議論は迷走したうえ、会長自身が「今後の検討に期待する」といったほど、答申内容も雑駁《ざっぱく》なものだった。副題の「すべての若者が夢や目標を芽吹かせ、未来に花開かせるために」と、このような文書としては違和感を覚える情緒的な語が使われていたのが、内容の空疎さを表していた、ともいえる。答申の提案項目は以下のとおり。①思考力・判断力・表現力を中心とした評価、②教科別試験に加えて合教科・科目型試験と総合型試験の導入、③多肢選択方式に加えて記述式の導入、④年複数回の実施、⑤段階別表示（一点刻みの排除）、⑥CBT（Computer-Based Testing）の実施、⑦英語の四技能の評価と民間の資格・検定試験の活用、であった。

①は学校教育法の学力観を踏まえたもので、とくに目新しい点はない。②〜⑦がテストの具体策である。その後、提案の大部分は否定されたが、報告書などの文書を読む限りでは、見送られた理由は説明されていない。何が問題だったのか確認しておこう。

まず「総合型試験」は、国語や英語と理科などの他教科を組み合わせて作問し、思考力などを評価できるようにするというものだった。素人目には気の利いたアイデアに聞こえるかもしれないが、大学側としては困惑せざるをえない。例えば、志願者の70点の成績を受け取った大学は、マイナスの30点分が国語や英語の能力の問題によるのか、理科などの理解の不十分さによるのかわからない。

工学部なら、重力や電気の法則さえも理解できていない志願者は落とさなければならない。外国語学部なら、理科の知識が多少欠けていても問題はないだろう。工学部の入試委員になった教員は、問題のなかから理科の個所を抽出して採点し直さねばならない。「策定」では教科型が維持されることになった。中教審には教育学の専門家や高校教育現場に詳しい委員も加わっていた。なぜ提案に待ったをかけられなかったのか。

次に、「複数回実施」であるが、これも現行のセンター試験とほぼ同一時期の、1回の実施に落ち着いた。提案は、年間に7回程度実施される、アメリカの進学適性検査（SAT）などをイメージしていたのであろう。「一発試験」の重圧を経験してきた多くの国民にとっても響きのいいアイデアである。しかし、高校以下の教育課程に統一基準のないアメリカと異なり、日本では教育内容は学習指導要領によって詳細に指定されている。各教科・科目を置く学年や教科書の採択は、学校の裁量に委ねられている。例えば物理や化学を1、2年生で終わらせる学校もあれば、2、3年で履修させる学校もある。教科書によって単元の並べ方も異なる。3年生の年度途中に試験を実施しようとすれば、全国の高校で2学年までに、すべての教育課程が修了していることを前提としなければならない。日本の教育制度の根幹を無視した提案だった。

「1点刻み」の否定も、俗受けしやすい。しかし1点刻みがなぜ発生するのか考えれば、理由は定員制に行き当たる。教員数や施設・設備の条件の範囲内で入学者数を調整する裁量が、大学に与えられていれば、学力水準（段階）で合格者を決定できる。しかし、文科省は厳格な定員管理を求める。「最後の1人」を判定するためには、何らかの選抜資料の「点差」によるしかない。例えば地元優先を掲げる公立大学が、同じ段階の集団から、最後の1人を選ぶとすれば、大学から住居までの距離（メートル刻み）で決定することになるだろうか。「策定」でも、採点は1点刻みとする結論になった。

何が改革なのか

残ったのが「記述式」と「民間検定」（英語）の二つである。記述式については、プレテストで国語と数学で実施されたが、出題内容と採点方法に不安が表面化している。英語の民間検定活用に至っては、すでに一部の国立大学は利用しないことを決定している。

第一回プレテストでは、国語の記述式問題のひとつは正答率が0・7％、数学では3問の正答率が2・0〜8・4％だった。選抜に使う試験は、難易度の異なる問題を配置して、平均50〜60％となるように作成するのが常識である。点差がつかなければ選抜できないからだ。第二回の国語のプレテストでは、正答率が上がるように、解答に使うべき語句が問題文のなかにあるよう、出題形式が変えられた。それならば、何も記述式にこだわることはなく、多肢選択のマークシートで答えさせればよい。

また、どのような国語能力を問おうとしているのかも、国語教育の関係者から疑問が呈されている。答申から繰り返し強調されているのが「複数の情報を統合し構造化し、新しい考えをまとめる思考力・判断力」である。現行のセンター試験の現代文（評論と小説）の問題と比較すると、新しい試験では、語彙力よりは文書情報の処理能力の高さを求められているようだ。大学が教育の前提としたいのは、学生たちの語彙の豊かさであろう。日常的な情報処理能力を、大学入試で求めては日本語能力の貧弱な国民を生み出しかねない。

国語教育学の紅野謙介日大教授は、『国語教育の危機』のなかで、プレテストの解答用紙を見た安西祐一郎が、「『よくここまで来た』と思いました」とコメントしたのに対して、「本当に試験問題を見たのか、『解答用紙』だけ見たのか」と、疑問を呈している。そのうえで、「彼にとって大事なのは『改革』という旗印だけであって、……『私たちが改革した』という、自己満足と承認欲求（ではないか）」と、辛辣な見方をしている。

英語に関しては、当面24年まで入試センターの問題と民間の英語検定を併用するとしている。目的や性格を異にする多様な英語検定試験を並べて、日本の大学入学者選抜に利用しようとすることの異様さは、多くの外国語教育の専門家から指摘されているので、ここでは触れない。大学はいずれか一方だけ使ってもいいし、両方を使ってもよいということだが、東大、京大、東北大などは民間検定の提出を求めない方針である。一方、早大などでは一部の学部で志願条件とする方針を示している。

改革の副作用

最後に予想される副作用をいくつか指摘したい。第一に、英語の扱いが選抜に与える影響である。大学入試センター名誉教授の荒井克弘は、入試における英語科目の重要性を強調する。センター試験の問題の難易度は安定し、平均点は60%を大きく外すことはない。また他の科目との相関も強く、英語の得点を見ることで、受験者の全体的な学力水準を推し量ることができる。荒井は「共通テストを扇子に例えれば、英語は要にあたる」としている。英語を民間検定に委ね、応募条件などの扱いにすれば、入学者選抜では他教科の1点刻みの得点が、大きな役割を果たすことになる。センター試験でさえ、英語以外の科目では、平均点が毎年のように大きく変動する。作成する側にも難易度の予測できない試験問題によって、受験生の合否が大きく左右されることになりかねないことになる。

また英語の民間検定の受験機会は地方では限定される。多くの受験生はより良い得点を目指して2回以上は受けるだろう。受験費用も無視できない。地方に住み経済的に余裕のない高校生にとっては厳しい。早大や慶大が首都圏のローカル大学化していることは以前から指摘されているが、民間検定を必須化すると、地方の受験生をいっそう遠ざけることにならないか。

第二に、高校以下の教育に対する影響である。英語は小学校の正式教科になる。学校の英語教育が、民間検定試験を意識した歪んだものになるのではないか。また、国語教育も文学や評論文あるいは古典に親しみ、深い国語力を育てるよりも、表面的な能力が強調された貧弱なものになりかねない。

第三に、記述式問題によって、受験生たちの自己採点に不明な要素が大きくなることである。現在は受験生たちがセンター試験終了後、自己採点をして志願先を決めているが、受験先の選定に混乱が生ずるだろう。大学入試に大きなブラックボックスが生まれるようなものである。

民営化だけが残った

中教審が提案した項目のうち、英語の民間検定導入と国語と数学の記述式問題以外はすべて否定された。本来なら安西祐一郎には反省の弁でもあるべきだが、17年7月の文科省の「策定」公表の際には、竹中平蔵が代表を務める「教育改革推進協議会」の発会式に出席している。発会式には、多くの教育系企業のトップが参加している。今回、大学入試の一部が「民間」に委ねられることになる。教育系企業のビジネスチャンスということだろう。英語検定試験は、受検料そのものよりも受検準備の教材購入の費用が大きな負担になるのが常識である。実施に関わる企業にとっては宣伝をしなくても、自動的に受験者が増えるのだから、これほど楽なビジネスはない。

また07年以来、小学6年生と中学3年生を対象とする学力調査が実施されている。第一次安倍政権下で、全国悉皆《しっかい》方式で導入され、民主党政権下に縮小されたものの、その後、再び悉皆調査に戻されている。この採点は例年、ベネッセなどが受注しており、数十億円が国庫より支出されている。大学入学共通テストの記述式問題の採点も、民間に委託されることになっている。その費用は受験生が負担することになるのだろうか。

安西中教審は、日本の教育制度や現場を理解している人間ならば、実現不可能なことがわかるはずの入試改革を提案した。数年間の無駄の多い検討期間を経て残ったのは、最高度に公共的なものであるはずの国の大学入試の民営化だったのである。

第八章

消えた2018年問題

定員管理の厳格化

2018年には、ここしばらく横這いで推移してきた18歳人口が急減期に入り、「大学冬の時代」が到来するはずだった。大学淘汰が本格的に始まる年として、大学関係者たちは身構えていた。それにもかかわらず、大都市圏の有力私大の入試が軒並み難化し、時ならぬ受験地獄が出現している。浪人生も増え、定員割れしていた大学が一息ついている。

何年も定員割れに苦しんできた私大にも受験生が流れてきて、充足率が大きく改善した大学が、この2、3年増えている。日本私立学校振興・共済事業団が毎年発表している『私立大学・短期大学等入学志願動向』によれば、16年度に257校あった定員未充足校は、18度年に210校に減少し、大学経営の採算ラインとされる充足率80％未満の大学数も99校から65校へと、大きく減少した。

すべては、文科省の私大に対する水増し入学を制限する政策が、その理由である。文科省は15年に私大に対し、翌年度からの入学定員超過率を大きく下げることを求めた。19年度までに、大規模大学（収容定員8000人以上）は定員の10％未満、中規模大学（同4000人以上8000人未満）は20％未満、小規模大学（同4000人未満）は30％未満に、それぞれ超過率を抑えることとし、１人でも超過した場合は、助成金の全額不交付のペナルティが科されることになった。逆に入学者を定員の95～１００％に収めた大学には全額交付するとした。さらに大規模大学が学部新設の認可を受けようとすれば、超過率は５％未満に抑えることが求められた。私大は従来、定員の20％までの水増しが認められていた

【図8-1】2010年度年齢別大学入学者

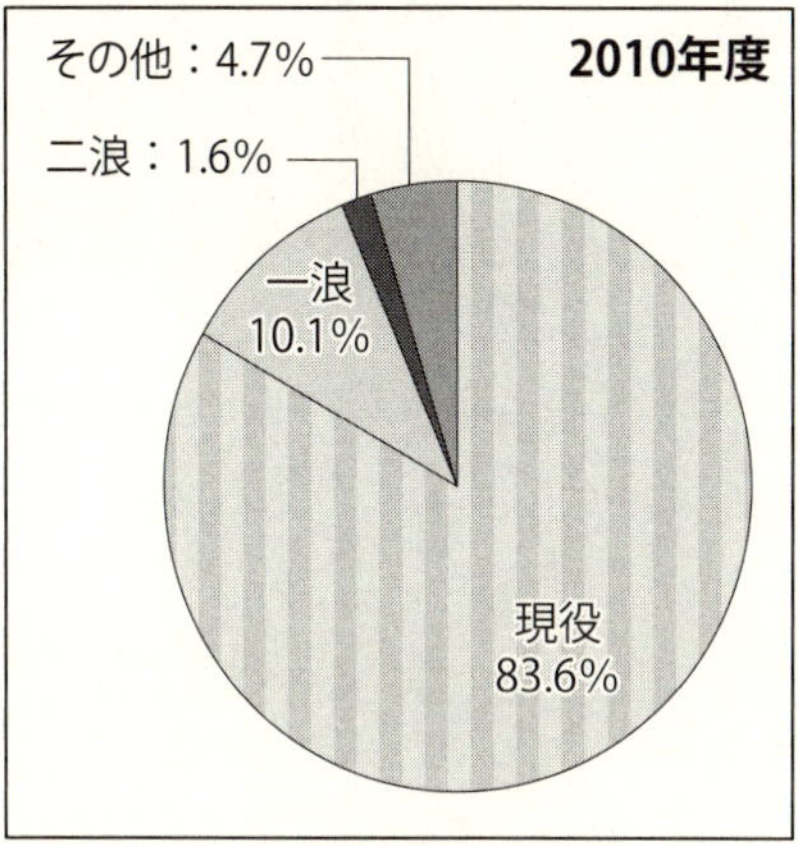

出典：文部科学省『学校基本調査』

【図8-2】2018年度年齢別大学入学者

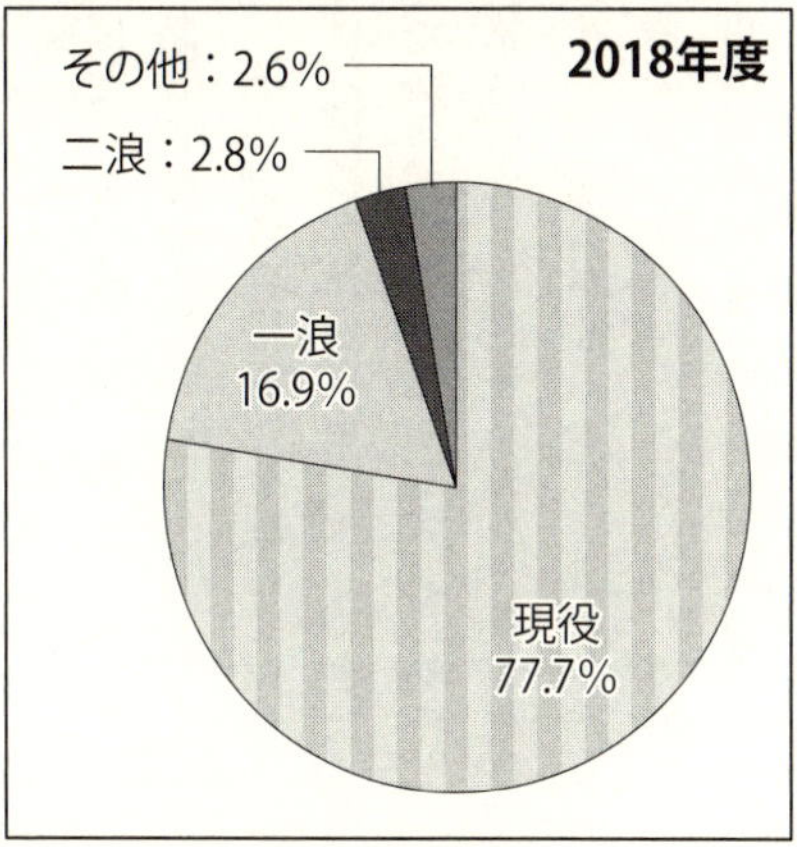

出典：文部科学省『学校基本調査』

から、その影響は大きかった。

16年度入試から18年度入試にかけて、有力大学はどこも一般入試の合格者数を大きく減らした。立命館大5853人、早大3749人、青山学院大2772人、明治大3693人、南山大3445人、関西学院大3244人と、それぞれ合格者数を減らしたとされる(「大学通信」調べ)。この十数年、有力私大の多くは付属校や系列校を増やしてきた。それらの高校からの内部進学枠を削減することは困難だから、皺寄せは一般入試に集中し、受験競争激化の現象を生んでいる。一般的に私大合格者の入学手続き率は20～30%程度であり、不合格者数の数字の見かけより、実際の受験生への影響は小さいが、トップの私大からそれぞれ毎年のように数百人があぶれるため、その波は中下位の大学に流れている。

図8－3は文科省の分類にしたがって作成した規模別入学定員である。大規模校の入学定員は合計20万人近い。これらの私大が16年度からの3年間で入学者数を全体で10%程度圧縮したとすれば、毎年6000～7000人程度絞られ、トータルで2万人近い受験生が大規模有力大から弾かれて中下位校に流れた計算になる。まだ受験競争の激化は収まりそうもない。

定員管理厳格化の目的は、表面上は「地方創生」政策の一環とされ、大都市圏への学生

【図8-3】私立大学規模別定員数

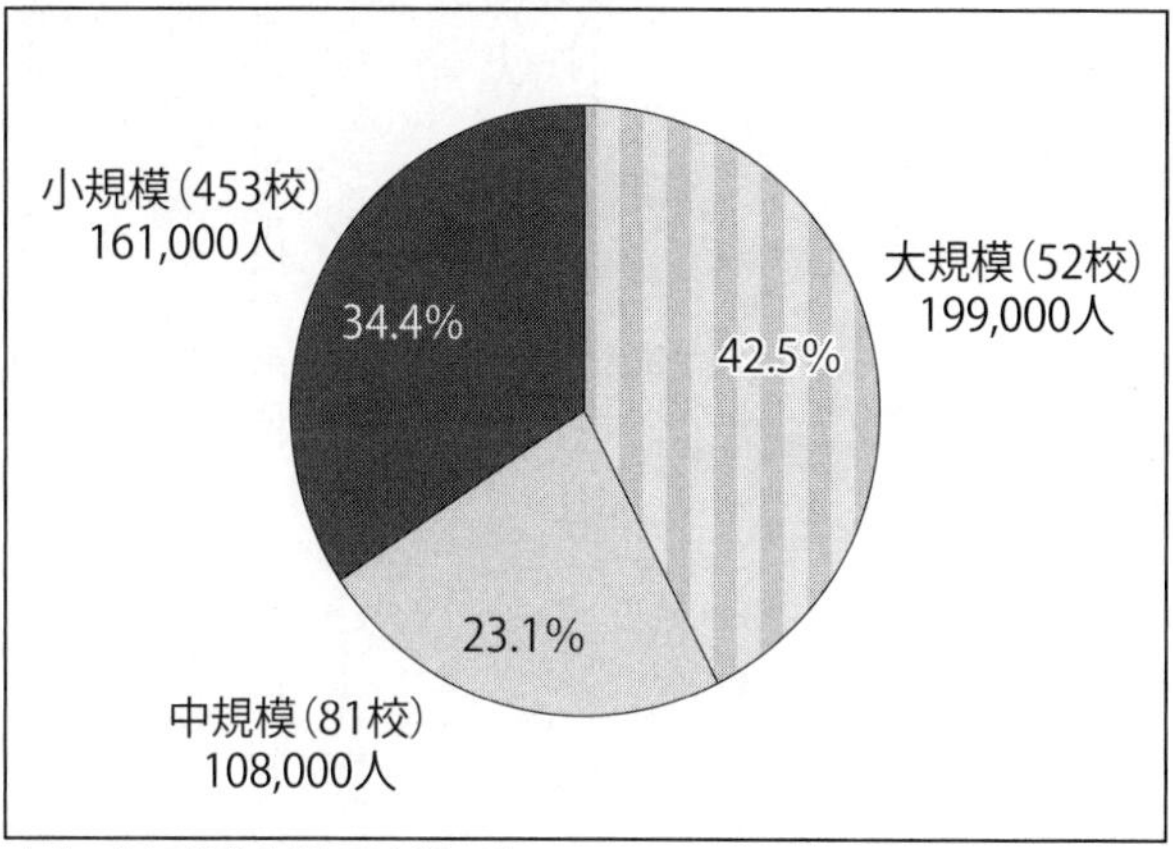

出典：文部科学省『全国大学一覧』

の集中を防ぎ、地方に分散させることとされている。しかし、『入学志願動向』を見る限り、上位大学から弾かれた受験生が地方にまで流れている様子は見られない。地方の受験生が地元に留まる傾向と、大都市圏の受験生が通学可能範囲の中下位の私大に流れる傾向が見られる程度である。

　定員充足率を地域別に見ると、東北各県、関東周辺部（茨城・栃木・群馬）、関西周辺部（滋賀・奈良・和歌山）のほか、四国の各地域で改善が見られた。関東圏と関西圏では、それぞれの都市の中心部にある有力私大を敬遠した受験生が地元に留まる傾向が生じたと考えられる。また四国では本四架橋が建設されてから関西圏や中国地方への進学者が増えていたが、難化した有力私大を敬遠して地元に留まる受験生が増えたと考えられる。

逆に充足率が下がったのは、大規模大学が集中し定員管理厳格化の影響を真面《まとも》に受けた東京都と京都府である。これらの周辺地域では定員未充足校が減った。経営破綻の危機に瀕していた弱小私大にとっては干天の慈雨になっている。

弱小私大の猶予期間

文科省は16年4月、省内に「私立大学等の振興に関する検討会議」を設置し、翌18年に報告を受けた。そのなかで、「経営困難な状況に陥る学校法人が生ずることは避けられない」として、「合併や撤退」を促すことが必要になるとの認識を示し、いくつかの閉校のスキームも示した。その後、文科省は「教育の質」によって補助金を増減額する、あるいは地域社会と良好な関係を作っている大学に補助金を優遇するなどの方針を示し、残す大学と閉校やむなしの大学を選別する姿勢を示している。そのためには慎重かつ迅速な情報収集が必要だが、全国に500校以上ある中小規模私大の評価を1、2年で完了させることは不可能だ。定員管理厳格化策は、そのための時間的猶予を与えることになっている。

しかし相当数の弱小私大が破綻するのは時間の問題である。その場合、文科省が何よりも避けたいのは突然の閉校である。短大と異なり、四大の閉校には少なくとも4年かかる。それまでに運営資金が底をつけば、学生を抱えたまま閉校することになり、在学生の扱いについての厄介な問題が生ずる。卒業生の学籍簿の引き受け先も確保しなければならない。文科省としては、そのような混乱が各地で発生し、社会的な批判を受けることのない環境を用意する必要がある。

大規模大学も含めて、いたずらに拡大を続けてきた大学の膨らみ過ぎた部分が整理されるのは、いずれにしても避けられない。では、どのように整理されていくのか、次章で検討する。

第九章

20年代に何が始まるか

大学の時期区分

戦後の大学の歴史を、おもに新卒者の就職の観点から時期区分するとすれば、①1960年頃までの十数年、②60年頃から90年前後のバブル期までの30年間、③バブル崩壊後から現在までの約30年間の3つの時期に分けられる。

最初の時期の始まりを、大戦を跨いだ1930年頃に遡ると、①を約30年間とすることも可能だ。1931年に始まった満州事変と円安政策によって日本経済は好況に転化し、また高等教育機関在学者には徴兵猶予が適用されたこともあり、進学熱が冷めることはなかった。終戦前後の混乱と戦後改革は大学に大きな変化をもたらしたが、戦前と戦後の連続性も強かった。戦前10%を越えなかった高等教育の進学率は、多少の上昇があったものの60年まで、15%を越えることはなく、大学から官庁・企業への就職においても、基本的に戦前に成立した仕組みが生きていた。

次の30年間は、経済的には高度成長からバブル経済に至る時期である。大学は団塊の世代と団塊ジュニア世代の2回の大きな人口波動を経験し、受け皿を大きく広げた。大学の間口が広がったことと所得水準の上昇によって、短大を含む大学進学率は90年には37・8

%に達した。

高度に標準化され、国際的にも高い水準にあった初等・中等教育のうえに、私大を中心にして大学教育が拡大されてきた。企業の旺盛な労働力需要に応ずるように、大都市圏ばかりではなく地方都市にも、私大が相次いで開設された。大学は学力中位層まで受け入れることになり、就職実績などに基づく社会的評価に応じて、学力レベル別に受験生を受け入れるようになった。

技術革新のテンポが速かったこともあり、企業側は大学に対して、教育よりは選抜機能に期待し、基本的な業務遂行能力と学習意欲、健康状態（体力）さらに社会性などを見極め、新卒の人材を大量に確保しようとした。受験生の進学行動も、それに応じて、もっぱら入試の難易度を重視したものになった。その動きを促進するうえで大きな役割を果たしたのが、効率的に偏差値を算出する情報処理の技術革新であった。

90年前後から現在に至る30年間は、量的な拡大が一段落し次の段階に移るまでの、長い過渡期といえる。女子の四大志向の強まりとともに大学進学率は50%を越え、完全にユニバーサル化した。一方で、バブル崩壊後、企業活動の低迷もあって、新卒の採用も収縮し、かつてのような一斉採用も崩れている。団塊の世代の一斉退職による、一時的な求人倍率の上昇はあるものの、企業ばかりではなく官公庁でも非正規雇用が拡大し、大卒が安定雇用へのパスポートと見做されていた時代は完全に過去のものとなった。

拡大の一途をたどってきた大学は、受験生というパイの縮小を見込んで、キャンパスの都心部への回帰、学部・学科の再編あるいは新学部の開設など、生き残りのための改革競争が激化しつつある。

20年代に始まること

30年間という時間は、ちょうど一世代である。30年経てば、働き盛りの世代は入れ替わる。前の世代で常識とされていたことが、少しずつではあるが忘れられ、新しい常識が生まれてくる。例えば、60年以前、大学進学は一部の特権階級のものだったが、60年代以降、子どもに期待する学歴として、大学をまったく選択肢に入れない家庭の方が少なくなった。さらに90年頃までは、女子が四大進学を選ぶことは一部の家庭を除けば、必ずしも好ましい選択肢ではなかった。現在はまだ、学部選好などにジェンダーギャップは残るが、それも今後は消えていくだろう。次の30年間に向けて、どのような変化が始まりつつあるのか。

【図9-1】18歳人口の推移

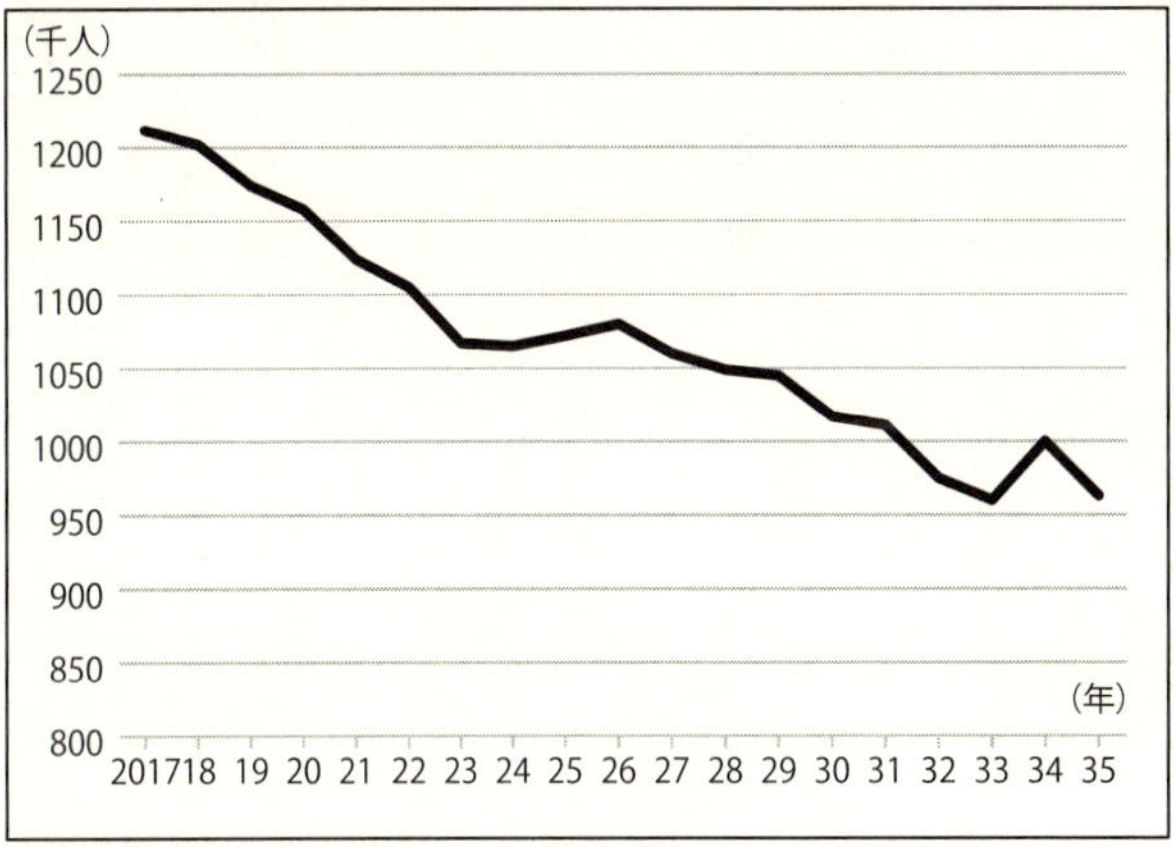

出典：政府統計「年齢（各歳）（平成29年10月1日時点）」

18歳人口の減少と進学率

18歳人口の減少が始まる18年を前に、文科省の私大の定員管理厳格化策によって、有力私大の入学者総数は3年間にわたって、毎年、数千人ずつ減少した。そのため、一時的に受験競争が激化している現象については、前章で見たとおりである。

今後、文科省が大規模私大に対し、入学者を定員の100%ちょうどにまで引き下げるよう再び指示する可能性はある。その場合は、有力私大の入学者が追加的に1万数千人程度、さらに減少する計算になる。しかし、23年に向けて18歳人口は、13・5万人減少することが予測される（図9－1）。

進学率が多少上昇したとしても、同期間に大学進学者は6万人程度減少する。定員管理のいっそうの厳格化があったとしても、志願者数減少のスピードに、入学定員の縮小が追い付かず、受験競争は大幅に緩和される見込みだ。

学費負担の面でも、進学率は限界に近付いている。奨学金という名の学費ローンを抱えれば、卒業後も返済に苦労せざるをえない、という情報は広く理解されるようになっている。大学は投資対効果の面で必ずしも適当な選択ではないとする意識が広がる可能性もある。今後、男子の進学率は多少低下しつつ、女子の進学率が男子と肩を並べ、さらに男子を多少上回る水準にまで上昇したところで、全体の進学率は止まるだろう。

女子の進学動向

90年代以降に顕著となった女子の四大志向と社会・職業志向はいっそう進む。経済開発協力機構（ＯＥＣＤ）の調査によれば先進諸国の間では、高等教育進学率は男子よりも女子の方が高く、日本の女子進学率はさらに上昇する余地がある。女子の学力上位層を取り込むことができる大学と、できない大学との間の格差が目に付くようになる。農学や情報学などを含む理工系分野で、女子学生の比率が伸びない大学は地盤沈下が進むことになる。

【図9-2】OECDにおける女子の高等教育占有率

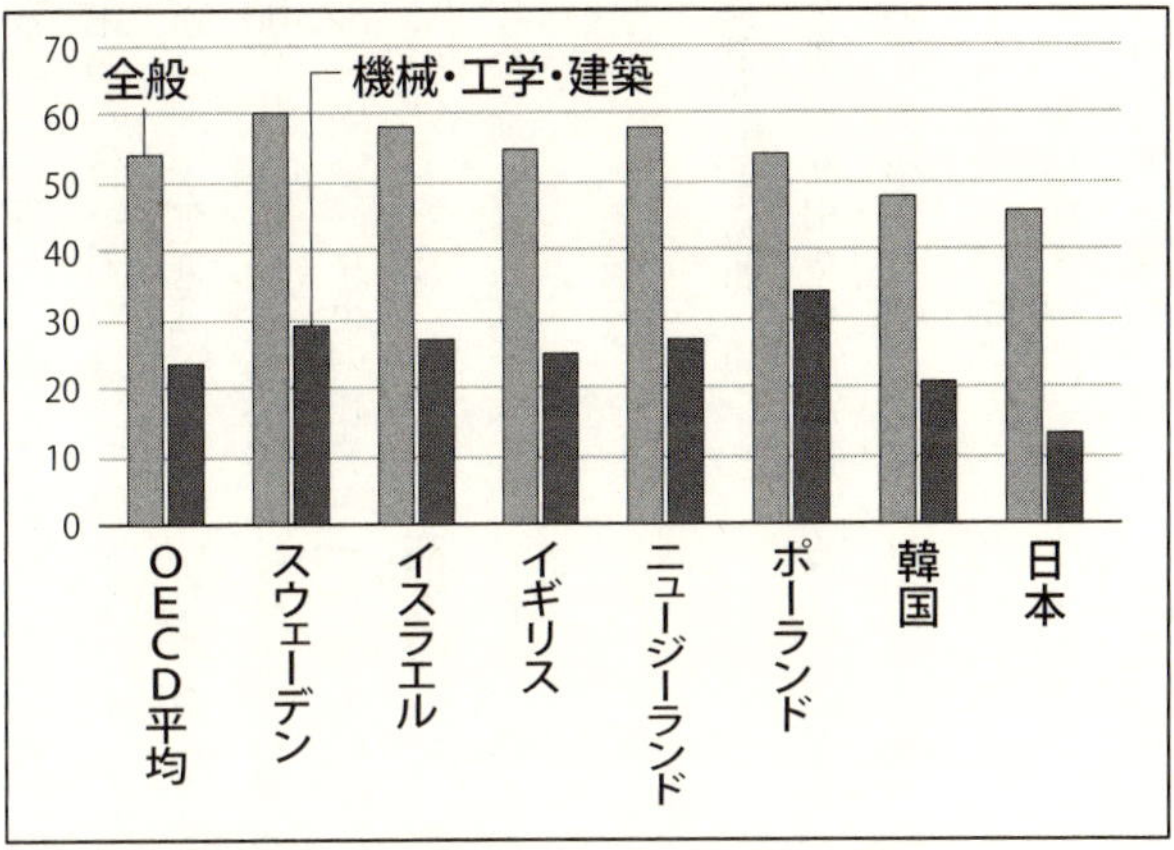

出典：池本美香『女性の活躍推進に向けた高等教育の課題』

大学運営者たちの間に女性蔑視の意識が残るような大学は、対応が遅れがちになり不利だろう。

　女子受験生を取り込むポイントになるのは、職業キャリアを含む、新しい女性のロールモデルを示せるか否かである。日本は先進国のなかでも、女子の社会的な地位の低さが際立っている。17年発表の世界経済フォーラム（ＷＥＦ）の「世界ジェンダー・ギャップ報告書」では、１１４位という不名誉な評価を得ている。かつて工具を持った女子学生を前面に出した広報活動によって女子学生を集めた工学系大学のように、ビジネスや政治などを始めとして、社会の各分野で生き生きと活躍する女性を送り出す教育を説得的に示すことのできる大学が、優秀な女子受験生を獲得する。例えば女性議員比率の高い国の議会でのインターンシップ・プログラムを組めば、将来の日本の女性政治家の進出を促進することになるだろう。

00年代以降、看護系学部は女子受験生を集めて全国的に急増したが、すでに飽和状態となっている。女子の職業キャリアの幅が広がるとともに、看護系への女子受験生の波は次第に引いていく。看護系学部の開設で一息ついた大学も、今後は厳しい状況に置かれることになる。また女子大の伝統校も、新しい魅力を発信できなければ、沈んでいかざるをえない。

企業と大学の間

企業の雇用が不安定化することによって、高校入試から始まる偏差値的秩序も崩れ始めている。新卒一括採用は、日本の企業の労務管理に浸み込んだ慣行であり、容易には消えないだろうが、ジョブ型と呼ばれる、欧米で一般的な欠員補充型の通年採用の比率も拡大する。また在学中の学生のリクルートでは、採用コストを抑えるためにも、情報企業の高額なサービスを使った一斉の採用活動は縮小していくと考えられる。高度成長期のように大量に採用して、社員を競わせながら幹部候補を育てていくスタイルでは、グローバル化するビジネスのテンポに対してスピード不足になる。特定大学や大学院（研究科）の卒業予定者に絞った、同窓生などを通じた採用活動やインターンシップを利用する採用が、コストを抑えながら安定した人材確保に効果的だという意識が定着すると思われる。

今後も、新卒で大手企業に就職した者が幹部社員への道を辿るルートがなくなることはないだろうが、常に国際競争に晒される環境のなかで、彼らに定年まで「大過なく勤め上げる」という、かつてはあり得た人生は保証されない。一生をひとつの企業内での昇進の梯子《はしご》を上るよりは、自分の才覚で仕事を始めるか、転職を繰り返していく職業生活を選ぶ者が増える。したがって、卒業時の就職の重みは、以前よりも軽くなっていくはずだ。

60年代からの日本社会は、近代史のなかでは色々な意味で例外的な時代だった、といえる。近代を振り返れば、外国人が日本に仕事を求めてくる時代よりも、日本人が仕事を求めて海外に出ていった時代の方が長い。グローバル化する世界のなかでは、欧米諸国や近年の中国、韓国のように、経済的強者も弱者も等しく、国境を行き来することが常態化する。大学と企業との関係も、大きく様相を変えていくだろう。

20年代からの大学再編

国公立大学

20年代以降の大学勢力図を想定してみたい。国立大学については、政府・文科省の政策次第の部分があるが、旧帝大系などの有力大学が周辺の地方国立大を法人傘下に統合し、学部・学科を選別しながら再編していく方向が基本となる。当面は、文系学部の縮小など、財界などの顔色を見ながらの再編が基本となるだろうが、中長期的には有力大学を中心として、学部学生数を減らし、海外留学生を含めた優秀な学生を対象とした大学院教育を拡充し、より高度な教育に重点が置かれることになる。その過程で、地方国立大の整理統廃合が進められるだろうが、戦前からの地場産業に直結するなど、地域に欠かせない大学は容易には整理されないはずだ。

地方の公立大学では、90年代に急増した地域貢献を前提とした中小規模大学は、地方議会の支持も得られやすく、地元を中心とした一定数の受験生を得やすい。また、秋田県の国際教養大や新潟県の長岡造形大のように、特殊な分野での教育成果を上げる大学も、広い範囲から学生を集め、安定的な経営を続けられる。しかし、学生募集に行き詰まった私大を公営化する公立大は、学生募集を一時的に回復しても、よほど新しい魅力ある教育を提供できなければ、受験生の波は引いていく。

そのような公立大は、施設・設備の更新費用や人件費などの負担から、引き受けた自治体からも見放される。国庫からの補助金も現状が維持される保証はない。受験生と自治体の双方からの支持を失った公立大学は、近隣の国公立大学や経営の安定している地方私大に吸収されるか、閉校に追い込まれざるをえない。

私立大学——三分化する大都市圏私大

60年代より、膨張を続けてきた私大は、都市圏の規模の大小はあっても、それぞれピラミッド型の構造を形成してきたが、受験競争の緩和が進むことによって、その構造も変化していく。とくに三大都市圏では厳格なピラミッド型から、3グループ程度の緩やかな構造に変わっていくものと思われる。以下は、首都圏と関西圏の有力私大の、90年代半ば以降の学部新設の動きである。興味深いことが見えてくる。

早稲田・慶應の両校では、多少の学部・学科の再編・新設があっても、基本的には、

【表9-1】首都圏私大の新設学部

大学名	新設学部名	偏差値(河合塾)
早稲田大	2003年　スポーツ科学部	62.5-65.0
	2004年　国際教養学部	65.0
慶應義塾大	2001年　看護医療学部	60.0
	2008年　薬学部(共立薬科大と合併)	65.0
明治大	2004年　情報コミュニケーション学部	62.5
	2008年　国際日本学部	62.5-65.0
	2013年　総合数理学部	52.5-60.0
青山学院大	2008年　総合文化政策学部	62.5
	2008年　社会情報学部	57.5-62.5
	2009年　教育人間科学部	60.0-62.5
	2015年　地球社会共生学部	57.5-60.0
立教大	1998年　観光学部	60.0-62.5
	1998年　コミュニティ福祉学部	55.0-60.0
	2006年　経営学部	62.5-65.0
	2006年　現代心理学部	60.0-62.5
	2008年　異文化コミュニケーション学部	62.5-65.0
中央大	1993年　総合政策学部	60.0-65.0
	2019年　国際経営学部	—
	2019年　国際情報学部	—
法政大	1999年　国際文化学部	60.0-62.5
	1999年　人間環境学部	57.5-62.5
	2000年　現代福祉学部	55.0-60.0
	2000年　情報科学部	55.0-57.5
	2003年　キャリアデザイン学部	60.0
	2007年　デザイン工学部	57.5-60.0
	2008年　理工学部	52.5-57.5
	2008年　生命科学部	52.0-60.0
	2008年　グローバル教養学部	65.0
	2009年　スポーツ健康学部	57.5-60.0

大学名	新設学部名	偏差値(河合塾)
東洋大（夜間部を除く）	1997年　国際地域学部（2017年、国際学部と国際観光学部に改組）	50.0-57.5
	1997年　生命科学部	42.5-47.5
	2005年　ライフデザイン学部	45.0-50.0
	2009年　総合情報学部	42.5-50.0
	2013年　食環境科学部	42.5-47.5
	2017年　情報連携学部	42.5-47.5
駒澤大	2003年　医療健康科学部	50.0
	2005年　グローバル・メディア・スタディーズ学部	52.5
専修大	2001年　ネットワーク情報学部	47.5
	2010年　人間科学部	52.5-55.0

出典：文部科学省『全国大学一覧』

法・文・商・経済・工などの、伝統的な学問領域別の学部構成を維持している。大半の国立大学と同様である。早稲田・慶應は従来の学部教育を維持しながら、大学院教育を拡充して、より高度な人材を育てる体制に移行していく方向を強めていくと考えられる。

18年現在の両校の全学在籍者数のうち、大学院は早大で約17％、慶大で約15％を占めている。学部段階からも相当数の海外留学生が含まれ、国際化が進んでいる。今後、いっそう海外からの優秀な学生を増やしていくだろう。逆に両校では、今まで受け入れてきた学力層の日本の高校生の一部が、海外の大学などに流れるようになる。学部レベルの再編によって、国内の受験生にアピールをするよりは、学部・大学院を通した高度な教育の魅力を発信していく方向での改革を進めていくだろう。

これに対して、早慶に次ぐ地位にある私大では、「情報」、「国際」、「総合」、「健康」などの語を冠した、学際的な、課題設定型とでもいうべき新設学部を積極的に開設していることが目に付く。学際的といえば、何か魅力的な教育を期待するかもしれないが、逆にいえば専門性が曖昧になるのである。多領域にわたる学問分野の知識を吸収しながら、現代社会の諸問題に取り組む思考力や判断力を養成するには、高校教育修了までに身につけるべき十分な知識や能力と大学の工夫されたカリキュラムが前提条件となる。

しかし、高校以下の教育を見れば不安にならざるをえない。現行の学習指導要領と私大入試の科目設定によって、高校の学習内容は大きく偏るようになっている。例えば、地歴分野では地理と日本史が選択必修となっているため、高校時代に地理を学ばないまま大学進学する者が過半となっている。文科省の教科書需要資料から推定される数字では、93年以前の内容の地理を学ぶ高校生は普通科でも3分の1程度、地理Aという簡便な科目の履修者を含めても5割程度に留まっている。世界地図や日本地図さえも、あまり頭に入っていない「国際」を冠する学部の学生とか、総合的な知識が不十分な学生の多い「総合」学部が増えるという、皮肉な現象が広がりかねない。

06年に発覚して大問題となった高校の履修問題とは、全国の1割以上の高校で、世界史などの必修科目を履修させずに卒業させていたことが表面化した事件だった。その際に指摘されたのは、各地のトップの進学校ではなく、二番手、三番手などの準進学校ほど、「効率的」な受験態勢を組んでいたことだった。受験に直結する教科・科目に時間を多く充てるために、必修科目さえも時間割に組まない授業を行っていたのである。私大の多くが受け入れる学生は、そのような高校の卒業生だ。よほど工夫されたカリキュラムが提供されなければ、「総合」や「国際」などを冠した学部は看板倒れとなる。

かつて日本の高校を観察したアメリカの人類学者は、日本のトップレベルの高校生が求められる知識量は、アメリカの最有力大学の学部教育修了時とほぼ同様のレベルだ、と指摘した。アメリカの大学では、大学院で高度な専門と応用を学ぶことになる。その意味では、日本のトップクラスの高校卒業生たちに対し、学部レベルで、アメリカの大学院レベルの教育を施そうとすることは、間違っていないのだろう。学際的な学部教育は、あくまでも入学者の質が保証されて可能になることは理解されるべきだ。

大都市圏の私大では、受験生を惹きつけるキャンパス開発や女子学生が魅力を感じるカリキュラム開発などの努力によって優秀な学生を集め、学部教育に成果を挙げることので

【表9-2】関西圏私大の新設学部

大学名	新設学部名	偏差値(河合塾)
同志社大	2004年　政策学部	62.5
	2005年　文化情報学部	57.5-60.0
	2008年　スポーツ健康科学部	52.5-57.5
	2008年　生命医科学部	52.5-57.5
	2011年　グローバル・コミュニケーション学部	62.5-67.5
	2013年　グローバル地域文化学部	62.5-65.0
立命館大	1994年　政策科学部	57.5-60.0
	2004年　情報理工学部	55.0
	2007年　映像学部	52.5-55.0
	2008年　生命科学部	52.5-55.0
	2008年　薬学部	52.5-60.0
	2010年　スポーツ健康科学部	52.5-55.0
	2016年　総合心理学部	55.0-60.0
	2018年　食マネジメント学部	52.5-55.0
	2019年　グローバル教養学部	-
関西大	1994年　総合情報学部	55.0-60.0
	2007年　政策創造学部	55.0-60.0
	2009年　外国語学部	60.0-65.0
	2010年　社会安全学部	52.5-57.5
	2010年　人間健康学部	55.0
関西学院大	1995年　総合政策学部	52.5-57.5
	2008年　人間福祉学部	52.5-57.5
	2009年　教育学部（聖和大と合併）	52.5-57.5
	2010年　国際学部	62.5-70.0

出典：文部科学省『全国大学一覧』

きた大学が、早慶とともに有力私大として最上位グループを構成することになる。しかし、ネーミングを優先させただけの学際的な学部を揃えた大学では、一時的に受験生を集められたとしても、教育効果を十分に出せないまま、次第に受験生を失い、撤退あるいは学部・学科の再編に追い込まれていく。その際、中長期的な展望を欠き、改革を決断できない大学は、長期低迷傾向に陥っていくことになる。

そのような私大も含めて、大学数としては最多の中位グループが構成されることになる。学力的に中位レベルの高校生を受け入れる大学は、受験競争の緩和に従って、学生の質のさらなる低下は避けられない。学生の質の低下が就職実績の悪化を招き、さらに学生募集の不振、という悪循環を避けるためには、情報や経営、外国語あるいは医療や教育のような専門性が明確で、職業上有効な資格・免許を取得できる分野に集中するのが賢明だろう。

このグループで、中規模以上の大学の経営悪化が深刻化した場合、問題はもっとも難しいことになる。中学・高校を母体としている場合も、大学の規模が大きすぎるため、ある時点で大学の赤字を支えきれなくなる。学生を確保できている一部の学部を、近隣の安定経営している大学に移譲する、あるいは国立大学を中心とした法人に移譲するなどしたうえで、本体は閉校するというかたちで解体されることになる。

下位に位置づけられ、実質的に入試競争がない大学は、ますます定員割れが深刻化し、いっそう厳しい状況に追い込まれていく。ただし入学定員100人程度の小規模大学で、中学・高校を母体とする法人にとって飾り程度の位置づけの場合は、中高の生徒数の確保次第では維持されるだろう。ただし、それも少子化が進行するなかで中高の規模も縮小を迫られるようになれば、撤退に追い込まれていく大学も増えていくと考えられる。

定員未充足と並んで、文科省による定員管理厳格化は大規模大学にも財務方針の見直しを迫っている。入学者数の減少による学納金の縮小は、私大の財務状況を圧迫する。キャンパス開発や新設学部の展開などが、学生募集に十分な効果を得られなかった大学は、中大規模の私大でも経営方針の見直しを迫られることになるだろう。

競争の果てに負けた大学は退場せざるをえなくなり、大学教育の需給関係は調整されることになる。実際のところ政府・文科省も、私大がそのようなかたちで、大学教育の需給の調整弁となることを期待しているはずだ。

まとめ

大都市圏と地方圏では多少、違った動きが見られる可能性がある。地方都市の企業のなかには、新規採用に当たって、特定の職業高校や短大の卒業生の方が、信頼性が高いと判断するものもある。大都市圏と異なり、地方都市では地元大学へ進学した場合の投資対効果は見えやすい。地元の高校生たちに支持される学部構成、教育内容を持った大学や短大がある都市と、そのような大学が不在の都市では、高校生の進学率も変わってくるだろう。地域に大きな役割を果たす大学があるか否かによって、その都市の活力自体が左右されることになる。

また人口減少は確実に予測できるが、大都市圏と地方など地域別の動向の予測は難しい。ただ、生産年齢人口を吸収し続けてきた大都市圏では、人口の高齢化が相当なスピードで進みつつある。医療・介護の費用が財政を圧迫するようになり、地方税が上昇して住みにくくなる。一方の地方都市では、交通インフラや商業インフラなどが一通り揃い、高齢人口が都市部よりも早くに消えていくことから、財政的余裕も生まれ、若年層が地元に残る道を選ぶ、あるいは大都市圏の若年層が地方移住する傾向も進むかもしれない。その際に、魅力的な大学があるか否かは、大きな意味を持つことになる。

地方都市の私大の場合、現状と同様に地域社会に根を張っているか否かによって、存続可能性は決まってくる。良質な教育を施された卒業生たちが地域の官庁・企業に就職するなど、地域社会の人々の目に見えるかたちで活躍する、あるいは都市に出て行って活躍する人材を送り出す、さらには国内外の大学の大学院などに進学して活躍する、などの成果を挙げて、地域社会からの評価を得ることが求められる。

また学部構成によっては大学院を開設し、地元の官庁や企業の人材のリカレント（学び直し）教育も含めて、地域で求められる高度な人材養成の役割を果たすこともありうる。

これからの30年間は、60年代からの半世紀以上にわたって拡大してきた大都市圏私大の清算過程と見ることもできる。大学をめぐる全体的な環境は明るくないのであるが、数少ない希望のひとつが、地域社会に支持され、地域社会を支える地方大学の存在である。地方大学の役割はいっそう重要になる。

おわりに

筆者は団塊の世代に属し、１９６８年に大学に入学している。中学、高校さらに大学と、経済成長の只中に学校生活を送ったことになる。高校生の私は、大学には格というものがあり、また専門性などに特徴があることを多少は理解していた。同級生たちも、私学では早慶が一応別格だが、法律なら中央大、英文学ならば青山学院大になど、それぞれに歴史があって、選択肢のひとつになる、程度の認識を持っていた。質実剛健を身上とする男は明大に進んだ。皆からお嬢様扱いを受けていた女子は立教大に進んだ。しかし、早稲田と慶應の色の違いは、すでに怪しくなっていて、同級生のなかには両方を受験するものも少なくなかった。

公務員だった父親は、学歴の効用を理解していたから、男子には大学教育を受けさせた。私は早稲田に進んだが、10歳ほど年上の長兄には経済的理由から国立大への進学が条件だった。高度経済成長のわずか10年程度の間に、大学進学の環境はいろいろと大きく変わっていた。

高校の教員になって、しばらくして、いわゆる進学校に転勤となった。担任した生徒はちょうど団塊ジュニア世代だった。彼らは空前の受験競争の渦中に置かれていた。大学を調べると、あの大学にも工学部があるのか、この大学は、こんなところにキャンパスを置いているのかと、その変貌ぶりに驚くことが多かった。生徒たちは予備校の示す偏差値を頼りに受験すべき大学を絞り込んでいたし、理系で志望動機の明確な一部の生徒などを除けば、大半の生徒たちが、もっぱら通学の便と偏差値を頼りに進学先を探していた。

その後、私は小さな大学の教員になった。多数の定員割れ大学の出現が、すでに話題となっていた。私のいた大学も毎年のように志願者を減らし、定員割れに陥るまで、あと何年と、予測できる状態になっていた。私自身は本来、中等教育を研究テーマとしていたのだが、定員割れ大学がどのように生まれてくるか、自らの体験のうえに、いくつかのデータを整理し、16年末、『消えゆく「限界大学」』を白水社から上梓した。幸い好意的な反応もいただき、マスメディアからの記事執筆依頼やインタビュー取材なども受けた。

その後、18年の4月から、日本経済新聞社の発行する『日経グローカル』への連載の打診をいただいた。地方自治体職員などを主な読者とする会員制の雑誌である。そのような読者に提供する記事を書けるのか、不安を感じなかったわけではなかった。しかし、前著で取材する機会があった共愛学園前橋国際大学や松本大学を見て、小規模な地方私大に、明日の大学のあり方に大きな可能性を見ることができるのではないか、と考えていたこともあり、「大学の明日を考える」のテーマで引き受けた。

本書は、その連載と並行して用意したものである。連載中にも、就活ルールの見直しや大学入試改革など、さまざまなニュースがあり、取り上げる話題は自然と、現在だけではなく歴史を遡る話題にも及んだ。連載記事に引きずられて、本書の構成案も度々変更することになった。第七章は、『日経グローカル』No.356（2019年1月21日）「入試改革が日本語能力の貧弱な国民を生む」、第八章は、同誌No.342（2018年6月18日）「定員厳格化で〝受験地獄〟弱小私大に時間的猶予」に、それぞれ大幅に加筆・修正したものである。その他にも数カ所、同誌で紹介した内容を転用させていただいた。

しかし、いくつかの大学を選んで、実地に訪問し関係者へのインタビューを試みる傍ら、『学校基本調査』などの政府統計にあたって、大学教育の変化の量的・質的な変化を確認する作業は、丁寧に行ったつもりだ。また図書館で閲覧した大学や卒業生たちの周年記念誌なども、歴史の証言として面白く読んだ。

証言といえば、戦後の大学受験の歴史を知るうえで、旺文社の重鎮であった代田恭之氏を欠くことはできない。資料の借用をお願いしたところ、ご高齢にもかかわらず長時間のインタビューもさせていただいた。氏のお話からは、現在、我々が見ている大学受験の景色は、それほど古いものではないこと、70年前後から大学受験の景色は大きく変わったことなどを確認できた。60年代までの大学受験は、いわば職人の世界だった。予備校の教育にしても手作りの味わいがあった。70年代以降の受験世界は、大量生産というか、無機的な世界へと変わっていったように思われる。

本書を準備するにあたって、共愛学園前橋国際大学の大森昭夫、松本大学の住吉廣行の両学長には、再びお話を伺うとともに、学生へのインタビューの手配をお願いした。学生の皆さんへのインタビューは楽しいものだった。いずれの大学にも、「一推しの学生を紹介してください」と、お願いしたので、全員が優等生であることは間違いない。しかも、「この大学で自分はこう育った」という具体的な内容を持っている学生ばかりだった。

一度、定員割れに追い込まれて復活した大学として、二つの公立化された大学とひとつの私大を選び、訪問させていただいた。長岡造形大学では開設時に市職員として準備に当たり、公立化に合わせて副理事長となった河村正美氏にインタビューに応えていただき、貴重な資料を多くいただいた。名桜大学については、筆者の敬愛する沖縄出身の先輩を通じて申し入れたところ、快く受け入れていただき、山里勝己学長を始めとした皆さんから、沖縄の大学ならではの興味深い話を聞かせていただいた。さらに学生募集にV字回復をした金沢星稜大学については、取材を申し入れたところ、篠崎尚夫学長を始めとする方々に時間を割いていただき、良い意味で生々しく興味深いお話を、たくさん聞かせていただいた。

いずれのインタビューでも、不躾な質問にも嫌な顔ひとつせず、貴重なお話を聞かせていただいた。取材に協力いただき、また時間を割いていただいた方々に、この場を借りてお礼を申し上げたい。

昔から戦でもっとも難しいのが撤退戦だという。戦を始めるのは簡単だ。大学も作るとき、関係者たちは新しいことを始めることに興奮していただろう。しかし、少子化が進み、日本社会全体が撤退せざるをえない段階にある。撤退しながら、新しい次元で豊かになる方法はあるはずだ。大学も同じだろう。しかし、比較的新しく開設された地方の大学にとっては、これからは撤退戦ではなく攻勢に出る段階だ。

地方では地域社会にしっかりと根を張った大学は、国公私立を問わず生き残る。地方に健全な大学がどれほどあるかは、日本社会の健康度のバロメーターにもなる。大都市圏の知名度の高い大学ばかりを追わず、地方で真面目に努力する大学の教職員と学生たちの姿にもっと目を向けるべきだ。本書がそのような流れを促すことに少しでも役立つようであれば、と願っている。

参考文献

はじめに

アキ・ロバーツ、竹内洋『アメリカの大学の裏側「世界最高水準」は危機にあるのか?』朝日新聞出版（2017年）

〈第一章〉

J. D. Vance, *Hillbilly Elegy: A Memoir of a Family and Culture in Crisis*, Harper, 2016.
（邦訳）J・D・ヴァンス『ヒルビリー・エレジー：アメリカの繁栄から取り残された白人たち』光文社（2017年）
竹内洋『学歴貴族の栄光と挫折』中央公論新社（1999年）
菅山真次『「就社」社会の誕生――ホワイトカラーからブルーカラーへ』名古屋大学出版会（2011年）
天野郁夫『大学の誕生（上）――帝国大学の時代』中央公論新社（2009年）
天野郁夫『新制大学の誕生（上下）』名古屋大学出版会（2016年）
小樽商科大学百年史編纂室『小樽商科大学百年史（通史編）』（2011年）
陵水会三十五年史編纂会『陵水三十五年』（1958年）
草原克豪『日本の大学制度』弘文堂（2008年）
笹谷隆美編『時は流れて：一橋大学1950年入学P組卒業50周年記念誌』（2003年）
岩田龍子『学歴主義の発展構造』日本評論社（1981年）
吉見俊哉『大学とは何か』岩波書店（2011年）
竹内洋『大学の下流化』NTT出版（2011年）
野村正實『学歴主義と労働社会――高度成長と自営業の衰退がもたらしたもの』ミネルヴァ書房（2014年）

平沢和司「就職内定企業規模の規定メカニズム――大学偏差値とOB訪問を中心に」、苅谷剛彦編『大学から職業へ――大学生の就職活動と格差形成に関する調査研究』（1995年）

〈第二章〉

桑田昭三『偏差値の秘密――創案者が初公開する進学必勝法』徳間書店（1976年）
桑田昭三『よみがえれ、偏差値――いまこそ必要な入試の知恵』ネスコ（1995年）
旺文社編『日本国「受験ユーモア」五十五年史』旺文社（1985年）
『代々木ゼミ新聞』JEC日本入試センター（1967年12月25日）
駿河台学園七十年史編纂委員会編『駿河台学園七十年史』駿河台学園（1988年）
河合塾五十年史編纂委員会編『河合塾五十年史』河合塾（1985年）
福武書店『福武書店30年史――1955〜1985』福武書店（1987年）
『朝日新聞』埼玉県版（2018年10月30日〜11月2日）
本多二朗『共通一次試験を追って』評論社（1980年）
『言語生活』「特集――共通一次世代のことば・感覚」筑摩書房（1983年8月号）
『現代用語の基礎知識86年版』自由国民社（1986年）
中江剛毅監修『大学生のための企業偏差値：大学4年生が体験した企業別就職難易度を完全レポート』サンドケー出版局（1995年）

〈第三章〉

メアリー・C・ブリントン著、玄田有史解説・監修、池村千秋訳『失われた場を探して』NTT出版（2008年）

小川洋『消えゆく「限界大学」――私立大学定員割れの構造』白水社（2016年）
野村和「高等女学校の量的拡大過程に関する考察」、『武蔵野短期大学研究紀要』第24輯（2010年）
河合雅司『未来の年表――人口減少日本でこれから起きること』講談社（2017年）
旺文社編『螢雪時代――大学の真の実力』旺文社（2018年）
『週刊ダイヤモンド』2018.9.16「特集――35年の偏差値と就職実績で迫る大学序列」ダイヤモンド社

〈第四章〉
『週刊東洋経済』2018.2.10「特集――大学が壊れる」東洋経済新報社
『AERA』2018.4.23「大特集――名門私大より地方国公立大」朝日新聞出版
市川昭午『高等教育の変貌と財政』玉川大学出版部（2000年）
『名桜大学広報誌』「Meio」（2018年9月30日）

〈第五章〉
旺文社編『螢雪時代――大学の真の実力』旺文社（2018年）
『AERA　Mook進学　大学ランキング』朝日新聞出版、各年版

〈第七章〉
紅野謙介『国語教育の危機――大学入学共通テストと新学習指導要領』筑摩書房（2018年）
南風原朝和編『検証　迷走する英語入試――スピーキング導入と民間委託』岩波書店（2018年）
阿部公彦『史上最悪の英語政策――ウソだらけの「4技能」看板』ひつじ書房（2017年）

〈第九章〉
Thomas P. Rohlen, *Japan's High Schools*, University of California Press, 1983.
（邦訳）トマス・ローレン著　友田泰正訳『日本の高校――成功と代償』サイマル出版会（１９８８年）
鬼頭宏『２１００年、人口３分の１の日本』メディアファクトリー（２０１１年）
池本美香「女性の活躍推進に向けた高等教育の課題」『ＪＲＩレビュー』Vol. 5, No. 56（２０１８年）

小川　洋　おがわ・よう
1948年東京都生まれ。1972年早稲田大学第一文学部卒業。同年、埼玉県立高校教諭。並行して1987～1994年、国立教育研究所（現・国立教育政策研究所）の研究協力者として日本の高校教育とアメリカ・カナダの中等教育との比較研究を行う。2003年、私立大学に移り、教職科目などを担当。2016年退職。以後、教育関連の研究・執筆活動。主な著書に『なぜ公立高校はダメになったのか』（亜紀書房、2000年）、『消えゆく「限界大学」――私立大学定員割れの構造』（白水社、2016年）。共訳書に『ロッキーの麓の学校から―第2次世界大戦中の日系カナダ人収容所の学校教育』（東信堂、2011年）。共編著に『大学における学習支援への挑戦――リメディアル教育の現状と課題』（ナカニシヤ出版、2012年）などがある。

朝日新書
710

地方大学再生《ちほうだいがくさいせい》

生き残る大学の条件

2019年3月30日第1刷発行

著　者　小川　洋

発行者　須田　剛
カバーデザイン　アンスガー・フォルマー　田嶋佳子
印刷所　凸版印刷株式会社
発行所　朝日新聞出版
〒104-8011　東京都中央区築地5-3-2
電話　03-5541-8832（編集）
　　　03-5540-7793（販売）

Published in Japan by Asahi Shimbun Publications Inc.
ISBN 978-4-02-295013-0
定価はカバーに表示してあります。

落丁・乱丁の場合は弊社業務部（電話03-5540-7800）へご連絡ください。
送料弊社負担にてお取り替えいたします。

悪のAI論
あなたはここまで支配されている

平 和博

AIは人類に牙をむく。会話の盗聴、合成ポルノの自動生成、就職面接での不当評価、ビッグデータを使った世論の操作、キラーロボットの誤作動——現実に起きた事件から、身近に潜むAIの危険を暴く。AI依存社会に警鐘を鳴らす、画期的AIリスク入門。

子どもなくても老後安心読本
相続、遺言、後見、葬式…

岡 信太郎

少子化と人生100年時代の到来で、急増する「子どものいない年寄り世帯」。多くの人が直面する老老介護や孤独死、相続、葬儀……に思わぬ法律の落とし穴が。問題解決に、司法書士が実践的アドバイスをする。知って得する老後の法律知識。相続法改正に対応。

千利休
切腹と晩年の真実

中村修也

千利休は、自身の美学を貫き、秀吉の怒りに触れて切腹したとされてきた。しかし、実際は、追放され晩年を九州で過ごした。なぜ、切腹を免れたのか？ 秀吉と利休の知られざる関係とは？ 新史料をていねいに読み解き実像に迫る。

負動産時代
マイナス価格となる家と土地

朝日新聞取材班

粗大ゴミ同然になる住宅、横行する詐欺商法、乗っ取られる管理組合…… 〝家余りニッポン〟衝撃のリポート！ 住宅過剰でも戸建てやマンションは供給し続けられる。このゆがみはどういう末路をたどるのか——。朝日新聞で話題沸騰の連載「負動産時代」を書籍化。

朝日新書

学校ハラスメント
暴力・セクハラ・部活動――なぜ教育は「行き過ぎる」か

内田 良

いじめ、体罰、セクハラ、組み体操、部活動……なぜ学校では問題が「隠れる化」するのか。そして教育の現場で起きる問題は教師だけが悪いのか。気鋭の教育社会学者が、学校を取り巻くさまざまな「ハラスメント」の実態を明らかにするとともに、その解決策を探る。

地方大学再生
生き残る大学の条件

小川 洋

崩壊する私大、崖っぷちの国公立大……限界〝地方〟大学、サバイバルの現場をリポート！ 定員割れする私大が激増し、国公立大も全入化がはじまっている。一方で、危機を脱し、V字回復する大学も。その違いを照射し、これからの大学教育と地方社会のあり方を提示する。

リベラルは死なない
将来不安を解決する設計図

井手英策／編

選挙のたびにリベラルは劣勢を余儀なくされる。だが、新自由主義が吹き荒れたこの国は今、利己的で孤立した「人間の群れ」に変わり、将来不安におびえている。だからこそ「誰も切り捨てない」「弱者をつくらない」社会保障の仕組みがいる。超党派による本気の提言！